Palavras de Susannah

Reflexões cristãs sobre o sofrimento

Publicações
Pão Diário

Palavras de Susannah

Reflexões cristãs sobre o sofrimento

Susannah SPURGEON

Palavras de Susannah
por Susannah Spurgeon
Organizado por Dayse Fontoura
© 2019 Publicações Pão Diário
Todos os direitos reservados

Coordenação editorial: Dayse Fontoura
Tradução: Maria Emília de Oliveira
Revisão: Dalila de Assis, Dayse Fontoura, Lozane Winter, Rita Rosário, Thaís Soler
Projeto gráfico e capa: Audrey Novac Ribeiro
Diagramação: Audrey Novac Ribeiro
Imagens: © Shutterstock

Dados Internacionais de Catalogação na Publicação (CIP)

SPURGEON, Susannah
Palavras de Susannah — Graça imerecida e amor sacrificial
Um ramalhete de mirra
Um cesto com frutos de verão
Tradução: Maria Emília de Oliveira
Títulos originais: *Free Grace and Dying Love!*
A cluster of camphire or words of cheer and comfort for sick and sorrowful souls!
A basket of summer fruit

1. Meditação e Devoção   2. Mulheres   3. Vida cristã   4. Religião Prática

Proibida a reprodução total ou parcial sem prévia autorização, por escrito, da editora.

Todos os direitos reservados e protegidos pela Lei 9.610, de 19/02/1998.
Pedidos de permissão para reprodução: permissao@paodiario.org

Exceto quando indicado o contrário, os trechos bíblicos mencionados são da edição Revista e Atualizada de João F. de Almeida © 2009 Sociedade Bíblica do Brasil.

Publicações Pão Diário
Caixa Postal 4190,
82501-970 Curitiba/PR, Brasil
publicacoes@paodiario.org
www.paodiario.org
Telefone: (41) 3257-4028

Código: SL444
ISBN: 978-1-68043-593-1

1.ª edição: 2019

Impresso na China

*Posso apenas, em silêncio,
agradecer a misericórdia do meu Deus
e adorá-lo por todos os Seus benefícios.*

SUSANNAH SPURGEON

Sumário

Introdução 9
Biografia 11

    Graça imerecida e amor sacrificial! 37
    Um ramalhete de mirra 131
    Um cesto com frutos de verão 211

Introdução

É quase impossível falar de Susannah Spurgeon e de seus escritos sem se emocionar. É quase impossível ler suas palavras sem se sentir tocada e encorajada por essa grande mulher do passado.

Quando pensamos em disponibilizar para as leitoras do português os três devocionais produzidos por sua hábil caneta, entendemos que eles fariam mais sentido se fossem acompanhados de sua biografia. A história por trás de cada meditação traz a identificação necessária para que nós, separadas de Susannah por mais de um século, possamos aplicar em nossa vida aquilo que ela já provou e comprovou como sendo sustentáculo da fé.

Fica claro em cada meditação o quanto Susannah via a vida de forma positiva apesar de todas as suas lutas. Do meio do redemoinho de sua enfermidade debilitante de seu coração brotavam belas declarações de louvor. Seus devocionais não são lamentos! Não! São belas poesias de gratidão. Sua comunhão com Cristo era tão estreita que, por vezes, quase sentia fisicamente Seus afagos consoladores.

Nosso desejo é que essas palavras encontrem ressonância em seu coração. Que você possa ouvir o Espírito Santo chamando-a para cultivar uma maior intimidade com seu Criador. Que as mensagens que Deus lhe trouxer, de forma muito particular, por meio destas leituras, venham edificá-la e torná-la ainda mais alegre na força que o Senhor lhe dá.

Separe pelo menos um dia por semana nos próximos meses e desfrute do "cicio suave" de Deus lhe trazendo direção e consolo. Deus lhe concederá muitas bênçãos, e sua perspectiva de vida será profundamente impactada!

Seus amigos de Publicações Pão Diário

Biografia

Susannah Spurgeon

Susannah Thompson nasceu em um domingo, 15 de janeiro de 1832, num subúrbio de Londres. A menina tímida, com bom senso de humor e inteligente foi educada em um lar cristão por seu pai R. B. Thompson e sua sábia mãe. Desde cedo, frequentava a Capela da Rua New Park, onde, durante sua infância, ministrava o pastor James Smith, um homem versado na arte de trazer almas a Cristo.

Sua frequência nessa igreja aumentou quando, ainda em seus tenros anos de adolescência, conheceu um casal de amigos, o sr. e a sra. Olney, que regularmente a convidavam para que compartilhasse um tempo com eles. Durante as visitas dominicais,

o casal, que morava próximo à capela, levava Susannah aos cultos. No entanto, a consciência de sua pecaminosidade e consequente necessidade de salvação só veio ao ouvir um sermão baseado em Romanos 10:8 — "A palavra está perto de ti, na tua boca e no teu coração..." —, pregado pelo Reverendo S.B. Bergne na velha Capela Poultry. Naquela noite, Susannah rendeu totalmente sua vida a Cristo.

Contudo, conforme os dias se passaram sem que houvesse discipulado e envolvimento no serviço ao Senhor, sua inicial alegria da conversão foi substituída por um estado de frieza e indiferença espiritual.

Durante esse período, mais precisamente em um culto noturno em 18 de dezembro de 1853, Susannah conheceu o homem que se tornaria a influência mais forte em sua vida e aquele com quem, em pouco tempo, se casaria. Charles Haddon Spurgeon, um jovem pastor de 19 anos, foi convidado a pregar nos cultos da manhã e noite na Capela da Rua New Park. Susannah não acompanhara o casal Olney no culto matutino daquele domingo. No entanto, o ânimo de toda a família estava tão exaltado ao retornar ao lar que Susannah ficou curiosa para saber mais do rapaz do interior que ocupara o púlpito de reconhecidos pastores ingleses.

Inicialmente, o julgamento de Susannah sobre o rapaz foi cheio de preconceito. A capela estava cheia em consequência do empenho dos animados membros da igreja que haviam ouvido o jovem pela manhã e convidaram amigos e vizinhos para ouvi-lo à noite. Spurgeon não exerceu fascínio semelhante em Susannah. O que lhe chamou a atenção, a ponto de diverti-la, foi o visual pouco convencional do pregador: uma gigantesca camisa clerical de cetim preto, seus cabelos mal cortados e um lenço azul de bolinhas brancas que ele carregava no bolso do paletó.

No entanto, a força da mensagem naquela noite impressionou de tal forma a congregação de 232 pessoas que, quatro meses depois, em abril de 1854, Charles Spurgeon foi convidado a mudar-se para Londres, tornando-se o novo pastor da Capela da Rua New Park.

O jovem ministro visitava com frequência o casal Olney no cumprimento de seus deveres pastorais. Lá ele e Susannah tiveram vários contatos, mas jamais se recordaram de quando foram apresentados pela primeira vez.

A mensagem cristocêntrica de Spurgeon conduziu Susannah ao reconhecimento de seu estado de frieza espiritual. Ela buscou a ajuda de William Olney, o segundo filho do casal Olney, que era envolvido com o ensino na Escola Dominical. Este provavelmente comentou com Charles sobre a crise de fé que Susannah enfrentava e esse pastor acabou por enviar à moça uma cópia ilustrada do livro *O peregrino* (Publicações Pão Diário, 2018) com a dedicatória: "À senhorita Thompson, desejando seu progresso na abençoada peregrinação. De C. H. Spurgeon, 20 de abril de 1854". Tal atitude de cuidado desinteressado impressionou a jovem que encontrou no livro uma grande fonte de inspiração e auxílio. Aos poucos ela foi tomando confiança para abrir seu coração ao seu pastor na busca por orientação espiritual. Os ensinos que recebia nessas conversas e nos sermões aqueceram o coração de Susannah, levando-a a uma alegria ainda maior do que quando primeiramente entregara sua vida a Cristo.

Em um belo sábado, 10 de junho de 1854, Londres foi tomada de festa. O Palácio de Cristal, uma gigantesca construção pré-moldada de aço e vidro que anteriormente fora montada em Hyde Park para abrigar uma exposição de novas tecnologias,

agora era transferida e reinaugurada para Sydenham Hill. Vários membros da Capela da Rua New Park estavam presentes para o desfile e ocupavam os assentos no alto do prédio. Enquanto aguardavam a cerimônia conversavam, riam e se entretinham uns aos outros numa alegre interação. De repente, Charles Spurgeon mostrou a Susannah o livro *Filosofia Proverbial*, de Martin Tupper, e os dois, de forma particular, iniciaram uma conversa interessante:

Palácio de Cristal, Londres

—O que você acha da sugestão do poeta?, perguntou ele.

Seu dedo apontava para o capítulo intitulado "Sobre o casamento", e as primeiras linhas diziam: "Busca uma boa esposa de teu Deus, pois ela te será o melhor presente de Sua providência. Contudo, não peças em ousada confiança aquilo que Ele não te prometeu: não conheces Sua boa vontade. Portanto, que tua oração seja submissa, e deixa tua petição a cargo de Sua misericórdia certo de que Ele cuidará de ti. Se deves ter uma esposa em tua juventude, ela já habita esta Terra. Então, pensa nela e ora com fervor por ela". Com voz suave, ele perguntou ao ouvido de Susannah:

—Você ora por aquele que será seu marido?

O coração disparado, o rubor repentino e os olhos baixados na tentativa de disfarçar o brilho que se instalava responderam de forma convincente à indagação. O resplendor do desfile de inauguração do impressionante prédio ficou ofuscado pelo despertar das emoções que palpitavam no coração da jovem. Terminada a cerimônia, veio o convite para que caminhassem ao redor do Palácio de Cristal e por seus belos jardins. Naquela noite, Deus uniu o coração dos jovens nos indissolúveis vínculos da verdadeira afeição, amizade e amor mútuo.

O pedido de casamento veio menos de dois meses depois na simplicidade do jardim da casa do avô de Susannah. As palavras usadas pelo namorado apaixonado não ficaram registradas na história, mas provocaram tremores de emoção e um silêncio comovido na noiva. Após despedirem-se, Susannah dirigiu-se ao seu quarto no segundo andar da

Charles e Susannah

casa para, humildemente, agradecer a Deus por ter o amor de um homem tão bom. Mais tarde, escreveu em seu diário registrando a memória daquele dia memorável, 2 de agosto de 1854:

É impossível escrever tudo o que aconteceu nesta manhã. Posso apenas, em silêncio, agradecer a misericórdia do meu Deus e adorá-lo por todos os Seus benefícios.

A consciência de seu papel como esposa de um pregador tão notável veio em uma tarde em que a jovem acompanhou seu noivo a um grande auditório em Kennington onde ele pregaria. As ruas próximas ao local, o lobby de entrada e as escadas que levavam ao auditório estavam lotadas. Totalmente absorto com o sermão que carregava em seu coração, Charles Spurgeon, desapercebidamente, deixou Susannah de lado e seguiu seu caminho. Ela se esforçava para abrir caminho entre a multidão para acompanhar seu noivo, mas sem sucesso. Indignada, irada, abandonou-o e voltou a casa surpreendendo sua mãe que não a aguardava tão cedo. Depois de Susannah abrir seu coração, ouviu um sábio conselho:

—Minha filha, seu amado não é um homem comum. A vida dele é inteiramente dedicada a Deus e a Seu serviço, e você jamais deve tentar tomar o lugar do Senhor no coração de Charles.

Essas sábias palavras acalmaram Susannah, contudo lhe trouxeram também o reconhecimento do quão tola e voluntariosa havia sido. Pouco mais tarde, Charles chegou ofegante perguntando por Susannah a quem procurara com empenho e não encontrara. A mãe da moça adiantou-lhe o ocorrido provocando-lhe profundo abalo pelo erro cometido. Charles ouviu atentamente enquanto sua noiva compartilhava o quão indignada ficara pela falta de atenção que ele lhe dedicara. Depois, ele lhe pediu perdão, assegurando-a de seu grande amor por ela, mas repetiu a lição dada pela mãe: ele era um servo de Deus, e Susannah precisaria estar preparada para, algumas vezes, colocar de lado suas próprias demandas.

Semanas mais tarde, o jovem pregador teria um novo compromisso, desta vez em Windsor. Na cartinha que enviou convidando sua noiva a acompanhá-lo, lia-se: "Eu provavelmente não estarei muito atento a você, caso você decida ir. Mas isso

será bom para nós dois: para que Charles tenha espaço para reparação, e para que Susie possa exibir seu crescimento em conhecimento do caráter dele, suportando com paciência as falhas do noivo".

Aos poucos, Susannah ia se ajustando à rotina de acompanhar seu noivo em seus estudos para os sermões, na preparação dos manuscritos que seriam impressos, na pregação e acostumando-se à sua ausência, vez ou outra, quando ele viajava para exercer seu ministério em outras terras. Embora não tivessem muito tempo para ficarem juntos simplesmente desfrutando da companhia um do outro, o amor e a afeição mútua cresciam e cada vez mais almejavam unir-se definitivamente.

O casamento aconteceu no inverno de 1856 na Capela da Rua New Park e foi oficiado pelo pastor da Capela Finsbury, o Dr. Alexander Fletcher. Susannah acordara cedo e passara a maior parte do tempo em oração em seu quarto em busca de bênção e orientação para a nova vida que se descortinava diante dela. No entanto, a moça tímida jamais poderia imaginar o alvoroço que se formaria em torno de seu enlace matrimonial. Desde cedo, multidões afluíram para o local aguardando as portas da capela se abrirem para que pudessem buscar assento. Prevendo que assim seria em decorrência da fama do noivo, foram distribuídos ingressos para os que quisessem assistir à cerimônia dentro da capela. Porém, a rua New Park e seus arredores ficaram bloqueados pela quantidade de pessoas que, mesmo a distância, desejavam testemunhar o evento. Uma força policial foi destacada a fim de manter a ordem. Abertas as portas, todos os assentos foram tomados em menos de 30 minutos.

O vestido de Susannah era simples, como era de se esperar por sua personalidade discreta. A cerimônia iniciou com a congregação entoando o hino "Salvation, O, the joyful sound!" ("Salvação, ó, a jubilosa canção!"), seguida pela leitura do Salmo 100, uma oração pelo casal, uma breve pregação e a tradicional troca de alianças. Após um último hino, a cerimônia chegou ao fim e o casal recebeu os cumprimentos na própria capela.

O jovem casal teve sua lua de mel de dez dia em Paris. Susannah, fluente em francês e conhecedora da cidade por viagens anteriores, serviu de cicerone para seu marido. Visitaram igrejas, palácios e museus, e a jovem esposa encontrou novo prazer nos familiares passeios devido à animação do estreante. Anos mais tarde, durante uma de suas muitas idas à Cidade Luz, Charles escreveu em carta a sua esposa: "Meu coração alça voo em tua direção enquanto lembro de minha primeira visita a essa cidade tendo-te como guia. Amo-te agora como amava-te naquela época, porém multiplicadas vezes!".

Seu primeiro lar foi estabelecido em uma casa modesta na rua New Kent. As noites de domingo, após o culto, eram desfrutadas pelo casal sentado próximo à lareira lendo livros de poesia ou de renomados autores cristãos. A biblioteca sempre ocupou o melhor cômodo do lar dos Spurgeon. Por ocasião de sua morte, Charles Spurgeon possuía 12 mil volumes de livros!

Por esse tempo, Charles decidiu investir boa parte de seu salário para arcar com as despesas de estudos de um jovem ministro que lhe era muito querido, Thomas William Medhurst. Logo, o casal estaria financiando o treinamento pastoral de outro candidato ao ministério. Para que isso acontecesse, os recém-casados formaram uma linda parceria em que Susannah tomou para si a responsabilidade de administrar os gastos da casa economizando todo o possível a fim de poder ofertar a outros que, de outra maneira, não poderiam se preparar para a seara de Deus.

Em poucos anos, todo o empenho do casal resultou na fundação do Pastor's College, um centro de formação ministerial, administrado por Charles Spurgeon.

Os gêmeos fraternos, Charles e Thomas, nasceram em 20 de setembro de 1856 trazendo ainda mais alegria ao casal. Contudo, um mês depois, enquanto Susannah ainda se recuperava do parto, uma grande nuvem negra se elevou no horizonte trazendo consigo dias de escuridão e sombras sobre a vida da família.

Charles e Thomas com a mãe

Era a noite de 19 de outubro. Charles H. Spurgeon pregaria pela primeira vez no Surrey Gardens Music Hall, um importante teatro construído à margem Sul do rio Tâmisa com capacidade para acomodar 10 mil pessoas. Antes de sair, o casal orou, e Susannah abençoou seu marido. Ela continuou em espírito de oração tendo em mente o grande desafio que o jovem ministro teria pela frente. Sua mente se distraíra com os cuidados de seus bebês, quando um barulho de carruagem freando em frente ao seu portão assustou-a. Não poderia ser Charles! Era muito cedo ainda. Um dos diáconos foi conduzido ao interior da casa. Por sua aparência alarmada, Susannah soube de imediato que algo ruim ocorrera. Foi quando se desvelou o relato da terrível tragédia.

Naquela tarde, pouco antes do início do culto, entre 10 a 12 mil de pessoas haviam se reunido ao redor do teatro aguardando uma oportunidade para adentrar ao novo local

Surrey Gardens Music Hall

de adoração. O templo da Capela da Rua New Park havia se tornado pequeno para acomodar a crescente congregação e decidiu-se alugar o Surrey Gardens Music Hall enquanto o novo templo era construído.

O culto havia transcorrido há apenas alguns minutos quando alguém da galeria gritou:

—Fogo! As galerias estão desmoronando!

O pânico espalhou-se, e a turba corria sem controle na tentativa de abandonar o prédio. Charles esforçou-se para acalmar a multidão. Não havia fogo, ou qualquer outro problema acontecendo. Gritava:

—Por favor, sentem-se! Não há motivo para alarme! Por favor, voltem aos seus assentos!

A situação eventualmente se acalmou, o culto foi rapidamente encerrado e a multidão foi despedida sem que o pregador tivesse ideia da extensão do desastre. Aquela noite deixou o saldo de sete vidas perdidas e outras 28 gravemente feridas. Os amigos de Spurgeon tiveram o cuidado de retirá-lo do local por uma porta traseira, impedindo-o de ver os sete corpos colocados no chão à frente do teatro.

Spurgeon foi levado para a casa de um amigo em Croydon, a 17 km de distância de Londres, onde Susannah e os bebês se uniram a ele. Esperava-se que o descanso e a mudança de cenário ajudassem a restaurar o seu equilíbrio emocional. As duas semanas seguintes foram de profunda tristeza para o casal. Spurgeon chegou a cogitar nunca mais pregar. A imprensa da época acrescentava ainda mais dor ao seu coração já abatido. Alguns afirmavam que o rebanho de Spurgeon não agira melhor

diante do alarde do que qualquer multidão que se reunia para concertos musicais. Homens haviam pisoteado mulheres e crianças na busca por se salvarem.

Foi durante uma caminhada nos jardins que o Espírito de Deus trouxe nova luz à situação. Diante dos degraus que davam acesso à casa onde se refugiavam, Charles parou repentinamente e disse à sua amada esposa:

—Como tenho sido tolo! O que importa o que será de mim, contanto que o Senhor seja exaltado?, e com um sorriso nos lábios e um novo brilho no olhar continuou: —Se Cristo for exaltado, que Ele faça comigo conforme lhe aprouver. Minha única oração será que eu morra para mim mesmo e viva plenamente para Ele e para Sua glória. Ó, esposa querida, agora entendo! Louve ao Senhor comigo!

Deus honrou o casal que o louvara em seu vale mais profundo. Quando retornaram a Londres, Charles retomou a pregação, e as multidões que se reuniam para ouvi-lo eram ainda maiores!

Um ano depois, a família se mudou para seu novo lar em Helensburg House, Nightingale Lane, um distrito mais rural, à época, onde o casal desfrutava do calmo isolamento da correria do ministério. O jardim, onde arbustos se tornavam árvores e as árvores frutíferas cresciam indisciplinadas, tornou-se um prazeroso desafio para que o casal, gradualmente, o transformasse de acordo com seu próprio projeto de jardinagem. Sobre isso, Susannah escreveu:

Jamais houve dois pássaros que sentissem tão intensa alegria em construir seu ninho nos galhos de uma

árvore do que nós em planejar, colocar as coisas em ordem, alterar e rearranjar nossa bela casinha no interior.

Susannah era muito ativa em seu ministério entre as mulheres da congregação, aconselhando-as e preparando-as para o batismo. Quando finalmente a igreja foi transferida para seu templo definitivo, o Tabernáculo Metropolitano, em 18 de março de 1861, ela foi a primeira, logo após os oficiais, de uma longa lista de membros a assinar o registro de gratidão a Deus no livro da igreja.

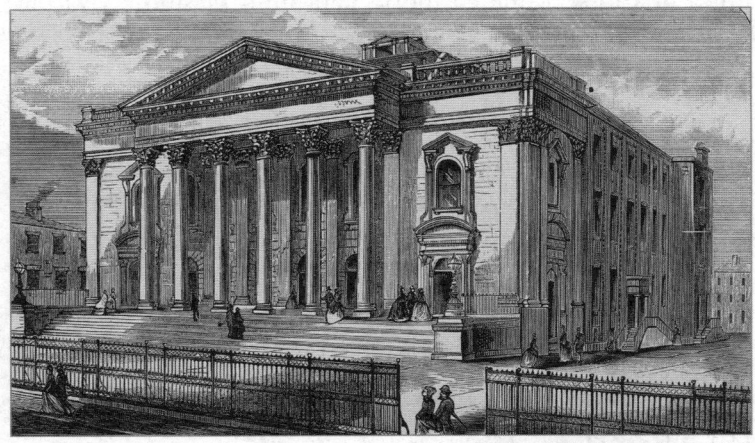

Tabernáculo Metropolitano, 1861

A saúde de Susannah começou a declinar rapidamente no final da década de 1860, algo que a limitou muito no acompanhar seu marido no ministério. As frequentes ausências de Charles por viagens ministeriais trouxeram a ambos um sofrimento extra o qual superavam da forma mais heroica possível. Por outro lado, produziram uma série de correspondências que aqueciam os seus corações e amenizavam a distância.

Em 1869, a casa de Helensburg foi demolida para dar espaço a um lar com espaço mais adequado a fim de acomodar a família e a ampla biblioteca. A generosidade dos Spurgeon em compartilhar seus ganhos para abençoar outros e promover o evangelho se refletiu na vida da congregação que pastoreavam. Por ocasião da reconstrução dessas mais amplas acomodações, um grupo de amigos se reuniu para ofertar ao casal mais da metade dos custos da reforma.

Durante esse período, Susannah ficou hospedada em Brighton, onde submeteu-se a uma cirurgia que ajudou a aliviar parte de suas dores físicas. Enquanto isso, Charles tomou a responsabilidade pela decoração e o fez com o maior esmero e carinho levando sempre em consideração o gosto da esposa.

Quando Susannah recebeu liberação médica para retornar a Londres, foi recebida com muita alegria por seu marido, que fez questão de mostrar-lhe cada cômodo e todas as adaptações que ele havia planejado para que sua esposa enferma pudesse encontrar o máximo conforto e descanso em seu novo lar.

O sempre atento marido costumeiramente perguntava a Susannah se ela gostaria que ele lhe trouxesse algo em especial, normalmente recebendo uma resposta negativa. No entanto, certa vez, usando seu aguçado senso de humor, ela pediu-lhe um anel de opala e um pisco-chilreiro para alegrar seus dias com sua cantoria. Surpreso Charles lhe respondeu:

—Ah! Você sabe que não tenho como trazer-lhe essas coisas.

Por dias a inusitada demanda foi alvo de riso no lar dos Spurgeon. No entanto, Deus, em Seu infinito amor, tinha outros planos. Pouco depois, sem que ninguém, além do casal, conhecesse o teor da bem-humorada conversa, ambos os presentes foram doados por senhoras da igreja agradecidas pelo cuidado pastoral dispensado a elas em tempos de enfermidade em família. Tal prova do cuidado divino trouxe ao casal profundo

regozijo e louvor ao Senhor por Seu carinho continuamente derramado até mesmo nas mínimas coisas.

O apreço do casal por boa literatura sempre se evidenciou em seu hábito de leitura, pela coleção de livros que tinham e pelos textos que produziam. Os sermões de Spurgeon começaram a ser publicados ainda no começo de seu ministério. Em um trabalho de parceria, Charles e Susannah também publicaram uma série de livros com citações do puritano Thomas Brooks (1608–80).

No entanto, o relacionamento de Susannah com os livros chegou a um novo estágio, ainda mais profundo, a partir do verão de 1875. Charles havia terminado o primeiro volume de *Lições aos meus alunos* (Ed. PES, 2014) e solicitou que Susannah lesse a prova gráfica do livro e avaliasse o mesmo.

—Eu gostaria de poder colocá-lo nas mãos de cada pregador da Inglaterra, foi a resposta.

—Por que não o fazer? Quanto você vai ofertar?, veio o desafio.

Essas palavras encontraram acolhida no coração de Susannah e foram a força motriz que deu início ao seu ministério mais reconhecido. Com palavras emocionadas, ela descreve a atitude imediata que tomou:

No andar de cima, cuidadosamente guardados, eu possuía alguns enfeites de cabelo que, por alguma tola razão, eu reunia há anos, sempre que houvesse chance de obter mais um. Contei-os e descobri que eles perfaziam a soma exata para que eu comprasse 100 exemplares da obra. Se alguma pontinha de arrependimento por me desfazer desses itens queridos

passou por meu coração, ela se extinguiu rapidamente, e eles foram doados ao Senhor liberalmente e com gratidão.

Por aquele tempo era difícil a muitos ministros do evangelho ingleses poderem arcar com os custos de boa literatura. O anúncio para que os pastores batistas desabastados se inscrevessem para receber as cópias do livro foi feito na revista mensal do Tabernáculo Metropolitano, *The Sword and the Trowel* (A espada e a colher de pedreiro), em julho do mesmo ano. O número de inscrições superou em muito a quantidade de exemplares disponíveis e, embora inicialmente Susannah tivesse se proposto a doar 100 cópias, ela se esforçou um pouco mais e acabou por ofertar o dobro.

No exemplar de agosto da mesma revista, Charles Spurgeon escreveu: "Foi um enorme prazer para minha amada esposa doar livros para tantos desprovidos servos do Senhor. Mas é triste que haja tantos deles necessitando de tal presente. Será que não há algo que possa ser feito para prover os ministros com livros? Se eles não puderem ser enriquecidos em bens materiais, não podem, pelo bem do povo de Deus, ficar famintos em sua alma". Esse apelo teve o efeito esperado e amigos começaram a doar dinheiro, de forma que, no mês seguinte, vários pacotes com livros eram enviados diariamente a pastores, e o trabalho ficou formalmente reconhecido como "O Fundo para Livros da senhora Spurgeon".

Um ano após o início desse ministério já haviam sido recolhidas £ 500 (equivalente e a £ 56.000 atualmente, ou R$ 310.000), sem que houvesse qualquer solicitação formal. Os publicadores das obras de Charles Spurgeon decidiram reduzir seus lucros nas vendas com o propósito de abençoar esse trabalho, e assim foi possível doar 3.058 exemplares.

A observação da existência de tantos ministros sem possibilidades para adquirir livros levou a uma constatação ainda mais triste. Comentando sobre a alegria dos tantos que já haviam sido abençoados pelas doações, Susannah novamente escreveu na revista da igreja com palavras comovidas:

> Ora, tudo isso é muito belo e admirável, mas não há também algo pesarosamente sugestivo à Igreja de Cristo? Certamente esses "servos de Cristo", esses "embaixadores de Deus" deveriam ter merecido melhor tratamento de nossas mãos, e não serem abandonados suplicando por tanto tempo sem o auxílio que lhes é vitalmente necessário em sua sagrada vocação. Os livros são instrumentos tão necessários aos ministros quando a plaina, o martelo e o serrote para a bancada do carpinteiro. Compadecemo-nos do pobre mecânico que foi privado de sua ferramenta por algum acidente, rapidamente movimentamo-nos para restaurá-la e certamente jamais esperaríamos qualquer trabalho dele enquanto lhe falta o instrumento. Por que, pergunto-me, não trazemos a mesma ajuda racional para nossos pobres pastores e os provemos com os meios para adquirir os essenciais livros? Não nos comove pensar em sua luta, ano a ano, com ganhos de £ 100, £ 80, £ 60 e alguns (envergonho-me em escrever) menos de £ 50 por ano?* Muitos têm famílias grandes; outros tantos, esposas enfermas; outros, infelizmente, têm ambos. Suas contas médicas são pesadas, há as despesas com a instrução dos filhos,

---

* *Convertidos em valores atuais daria £100 = £ 11.206; £ 80 = £ 9.000; £ 60 = £ 6.700; £ 50 = £ 5.600. O salário médio atual (em 2018) de um britânico é de £ 30.000/ano. Fonte para conversões: www.in2013dollars.com*

a aparência agradável que precisam manter (ou seus ouvintes se escandalizariam). Como conseguem fazer tudo isso sem se endividar (como, para mérito deles devo dizer, a maioria deles o faz), somente eles e seu Deus fiel o sabem! Nunca ouço uma palavra de reclamação deles, às vezes apenas uma ou duas frases tocantes como: "após mais de 16 anos no serviço da vinha do Mestre, sinto dizer que, em decorrência do meu baixo salário, esposa e cinco filhas para sustentar, minha biblioteca possui apenas 43 livros. E não estou em condições de aumentá-la comprando livros". Ou, como esta outra: "meu salário é tão pequeno (£ 60) que, se não tivesse a ajuda de algumas associações beneficentes, eu teria muita dificuldade para sobreviver".

Esses homens merecem ser mantidos em pobreza tão profunda de forma que, positivamente, não consigam pagar o preço de um livro sem que seus filhinhos fiquem sem calçados? "O trabalhador é digno de seu salário", mas esses pobres trabalhadores nos campos do evangelho ganham uma ninharia que é indigna tanto do que trabalha quando do trabalho que ele realiza. E, se o povo deles (que deveria ajudá-los mais) não pode ou não vai fazê-lo, pelo menos nós, amados amigos, faremos tudo o que estiver ao nosso alcance para encorajar o coração deles e para trazer refrigério para seu espírito abatido. Isso é uma digressão, ouso dizer, daquilo que estou autorizada a escrever, porém, sinto-me na obrigação de dizer o que disse porque meu coração aqueceu-se dentro em mim, e assim desejo ardentemente servir melhor esses pobres irmãos.

No começo de 1877, um amigo colocou à disposição de Susannah uma doação para ajuda financeira a pastores em necessidade. A isso acrescentou-se doações dos Spurgeon e de outros amigos. Assim, teve início um segundo ministério para Susannah, o "Fundo para Socorro a Pastores". Algumas mulheres também se uniram para prover roupas para as famílias pastorais.

No ano seguinte, o estado de saúde de Susannah piorou muito. No entanto, o trabalho ministerial não diminuiu o passo. Em nenhum momento ela se desesperou ou se rebelou contra o Senhor. Um registro em seu diário conta sobre uma experiência de consolação divina:

No final de um dia muito escuro e depressivo, eu estava descansando em minha poltrona enquanto a noite se aproximava e, embora tudo estivesse radiante em meu pequeno e aconchegante cômodo, uma escuridão externa parecia ter adentrado minha alma e obscurecido sua visão espiritual. Tentei em vão ver a mão que, eu sabia, segurava a minha e guiava meus pés envolvidos em brumas através das trilhas escarpadas e escorregadias do sofrimento. Em aflição de coração, questionei: "Por que meu Senhor trata assim Sua filha? Por que Ele tão frequentemente envia dores tão agudas e amargas para me visitar? Por que permite que a fraqueza prolongada impeça o doce serviço que anseio prestar a Seus pobres servos?". Essas impacientes perguntas foram rapidamente respondidas, e, embora em linguagem estranha, não foi necessário algum intérprete a não ser o consciente sussurro de meu próprio coração.

Por certo tempo, o silêncio reinava no cômodo, quebrado apenas pelo crepitar do carvalho que queimava na lareira. De repente, ouvi um som doce e suave, uma pequena e clara nota musical, como o gargantear de um pintarroxo em minha janela.

– O que será isso?, disse para a minha acompanhante, que cochilava próximo à lareira. Com certeza nenhum pássaro poderia estar cantando lá fora nesta época do ano e à noite!

Ouvimos novamente a fraca nota melancólica, tão doce, tão melodiosa, embora misteriosa o suficiente para provocar, por um instante, um indisfarçado maravilhamento. Nesse momento, minha amiga exclamou:

– Está vindo da lenha na lareira!

E logo confirmamos que a observação dela estava correta. O fogo liberava a música aprisionada no mais profundo do coração do velho carvalho. Possivelmente ele havia armazenado essa canção nos dias em que tudo lhe ia bem, quando os pássaros cantavam alegremente em seus galhos, quando os suaves raios de sol salpicavam suas tenras folhas com um brilho dourado. Contudo, envelhecera e desde então endurecera; anel após anel de seu penoso crescimento haviam selado a esquecida melodia até que as agudas línguas das labaredas vieram consumir sua calosidade e o calor veemente do fogo arrancou-lhe, de uma vez, o som e o sacrifício. "Ó", refleti, "quando o fogo da aflição extrai canções de louvor de nós, então, de fato, somos purificados e nosso Deus é glorificado!"

Talvez alguns de nós sejamos como essa lenha do velho carvalho: frios, endurecidos e insensíveis. Não produziríamos sons não fosse pelas chamas que ardem ao nosso redor e liberam as ternas notas de confiança

em Deus e contente conformidade com a Sua vontade. Enquanto eu meditava, o fogo queimava e minha alma encontrou doce consolo na parábola tão estranhamente colocada diante de mim. Cantar em meio ao fogo! Sim! Que Deus nos ajude se esse for o único meio de obter a harmonia de nosso coração endurecido e apático, que a fornalha seja aquecida sete vezes mais do que antes!

As ofertas destinadas ao "Fundo para Livros" continuavam chegando, ainda que não solicitadas e de fontes inesperadas, justamente quando eram mais necessárias e eram investidas, sem delongas, na esperança de que mais recursos chegariam todos os dias. Além dos ministros atuantes na Grã-Bretanha, muitos missionários e pastores locais foram abençoados na Índia, em vários países da África e na Jamaica pelos livros tão generosamente doados.

Certa vez, em 1880, quando Charles voltava para casa de Bigging Hill, Upper Norwood, após tratar de questões concernentes a um testamento que fora deixado em favor do seminário para pastores e dos orfanatos que administrava, ele avistou uma bela propriedade à venda. Há algum tempo, ele sentia a necessidade de se afastar da agitação que agora cercava sua casa em Nightingale Lane e se mudar para uma região mais quente. Dois requisitos eram necessários: que fosse próximo ao Tabernáculo Metropolitano, mas suficientemente distante da fumaça e da neblina de Londres.

Após breve visita, concluiu que o lugar era "demais para ele". Embora não tivesse feito nenhuma proposta, poucos dias depois recebeu uma notificação informando-o de que o preço proposto não havia sido alcançado e perguntando-lhe se gostaria de fazer uma oferta. No mesmo dia, um velho conhecido mestre-de-obras ligou para Charles perguntando-lhe se desejava vender a propriedade onde habitava, pois havia um potencial comprador. O preço foi estabelecido e, somando-se a ele, a reserva que o casal Spurgeon dispunha seria suficiente para a compra da nova propriedade. Falando sobre essa mudança, Charles sempre dizia: "Eu não o havia planejado. O Senhor colocou uma pá por baixo de mim e me transplantou para Norwood".

A nova residência representava uma grande melhora na qualidade de vida do casal. Os cômodos eram bem maiores e o jardim cobria 9 acres (aprox. 36,5 mil m²). Durante os primeiros dias, o casal viveu a alegria de descobrir novos recantos de seu pequeno reino.

A nova residência em Norwood

A saúde de Susannah apresentava períodos de melhora, mas a de seu marido começou a declinar rapidamente. Sofrendo de gota, reumatismo e nefrite, Charles precisou se afastar um tempo para Menton, região da Riviera francesa, em busca de um clima mais ameno que ajudasse a aliviar as dores de sua artrite. No entanto, a fragilidade física de Susannah a impedia de fazer viagens tão longas.

Muitas foram as cartas trocadas pelo casal durante esse tempo de exílio do amado esposo. Em novembro de 1890, ele escreveu: "Que brilho solar celestial! É como se fosse outro

mundo. Nem consigo crer que eu esteja no mesmo planeta. Que Deus me conceda a graça de isso me ajudar a melhorar".

Tempos mais tarde, acometido de fortíssimas dores que quase o impediam de segurar sua caneta, Charles escreveu: "Amada, perder a mão direita é como ficar mudo. Estou melhor, com exceção das noites. Eu não poderia amar-te mais. Gostaria de estar em casa quando as dores me acometem, mas, quando fico pior, esse ar ameno me ajuda. É como se fossem os portões do Céu. Está tudo bem! Assim, gaguejo uma linha ou outra. Não estou completamente mudo, bendito seja o Senhor! Como Ele é um Deus bom! Ainda o louvarei. A insônia não pode amargar a noite para fazer-me temer quando Ele está tão próximo".

Em fevereiro do ano seguinte, Charles recebeu alta para voltar a casa. Seu último sermão no Tabernáculo Metropolitano foi em um domingo, 7 de junho. Depois disso sua saúde decaiu rapidamente, e Susannah foi sua incansável cuidadora. Em 26 de outubro, ambos foram a Menton, onde se hospedaram no Hotel Beau-Rivage, buscando novo alívio para as dores físicas do convalescente. A partir de 20 de janeiro de 1892, os sintomas se agravaram ainda mais e Charles ficou acamado. Susannah e sua acompanhante, E. H. Thorne, revezavam-se no cuidado ao paciente. Após cinco dias inconsciente, Charles Haddon Spurgeon faleceu em 31 de janeiro de 1892, cercado por sua esposa e quatro bons amigos. O secretário pessoal do pregador, o senhor Harrald, foi o primeiro a elevar uma oração seguido por Susannah que, resignada pela grande perda, agradeceu ao Senhor o presente que lhe fora concedido durante os 36 anos de casamento.

A notícia da morte de Spurgeon espalhou-se rapidamente ao redor do mundo. Mensagens de pesar chegaram de várias fontes, inclusive da rainha Vitória do Reino Unido. O primeiro culto fúnebre aconteceu em uma igreja presbiteriana,

ainda em Menton, a 4 de fevereiro. O féretro chegou em Londres dia 9 e, no dia seguinte, mais de 60 mil pessoas estiveram presentes nos cultos memoriais realizados. No caminho para o cemitério em Norwood, as multidões se acumulavam em frente às lojas fechadas. Quando o caixão foi baixado à sepultura, viam-se apenas o versículo: "Combati o bom combate, completei a carreira, guardei a fé" (2 TIMÓTEO 4:7) aos seus pés e, em cima, uma Bíblia aberta no texto que conduzira Charles a Cristo ainda em sua adolescência: "Olhai para mim e sede salvos, vós, todos os limites da terra; porque eu sou Deus, e não há outro" (ISAÍAS 45:22).

Contudo, Susannah permanecera em Menton onde encontrava o consolo entre os olivais e varandas cobertas com roseiras. Neste tempo escreveu em seu diário:

Meu amado Mestre me ensinou sobre Sua verdadeira afeição ao trazer-me à mente Suas próprias palavras a Seus discípulos: "Se me amásseis, alegrar-vos-íeis de que eu vá para o Pai" (JOÃO 14:28). Assim fez-me compreender que o pensamento sobre o júbilo eterno de meu amado deveria superar meu pranto e tristeza egoístas.

Cercada pelo amor e cuidado de seus filhos, Susannah deu seguimento a seus ministérios à frente do "Fundo para Livros" e do "Fundo para Socorro a Pastores". Com a ajuda do senhor Harrald, também compilou os escritos nos diários, as cartas e os demais registros de Charles para compor a *Autobiografia de C. H. Spurgeon*, o que lhe tomou vários anos. Ela mesma complementou vários capítulos no tocante à vida familiar.

    O talento literário de Susannah ficou evidente em sua autoria dos três devocionais que ela escreveu durante sua luta contra a enfermidade e o luto pela perda de seu amado marido. Também escreveu muitos artigos para a revista semanal *A espada e a colher de pedreiro* e muitos folhetos devocionais.

    Em 1895, durante um período de redecoração de seu lar, Susannah hospedou-se em Bexhill-on-Sea, uma cidadezinha litorânea a 84 km de Londres. Sabendo que lá não havia uma igreja Batista, empenhou todos os seus esforços para que essa semente também chegasse naquele lugar remoto. Como resultado de suas ações, foi aberta uma igreja-escola na cidade em 1897 e a pedra fundamental foi lançada pela própria Susannah.

    No verão de 1903, Susannah teve uma pneumonia que a prostrou, confinando-a à cama. No auge de sua fraqueza física, quando a chama de sua vida ameaçava apagar, ela se levantou como uma gigante espiritual fazendo afirmações como: "O amor do Mestre em tempos passados me impede de imaginar que Ele agora me abandonaria a afundar nos problemas".

    Em 7 de outubro do mesmo ano, ministrou sua bênção de partida sobre seus filhos. Quando já muito perto de adentrar os portões do Céu, uniu suas mãos e sua face irradiou o brilho celestial. Clamava: "Bendito Jesus! Bendito Jesus! Posso ver o Rei em Sua glória!".

    Às 8h30 do dia 22 de outubro de 1903, aos 71 anos, Susannah deixou essa vida para tomar posse de sua herança eterna. Seus restos mortais foram enterrados no túmulo de seu marido.

Nas palavras de Charles Ray, biógrafo de Susannah Spurgeon:

Ser chamada a uma posição de rara dificuldade ainda em tenra idade, com seu marido elevado a estonteantes alturas de popularidade que poucos teriam suportado sem que se deixassem enredar pelo orgulho, era uma provação para a tímida jovem que assim foi lançada em proeminência. Depois, quando as tempestades dos insultos e calúnias irromperam sobre a cabeça de seu amado, ela poderia ter se sentido esmagada e quebrada, porém resistiu e, com suas palavras de consolo, sua forte afeição, sua piedade e fé, ajudou-o a superar a tempestade. Susannah colocava seu coração e alma em cada braço do ministério dele: economizava consigo mesma para prestar assistências às várias causas e, mesmo nos mínimos detalhes, agia em unidade com seu marido como fiéis mordomos do Deus em quem ela confiava. [...]

Ela não necessitava dispender a força que tanto exigia de si mesma. Ninguém culparia uma enferma de buscar descanso, mas tudo o que ela realizou, o fez "como para o Senhor". Sua vida é um brilhante exemplo do que uma mulher frágil que se devota ao serviço do Mestre pode fazer. A senhora Spurgeon permanecerá na memória de todos os verdadeiros cristãos não apenas como a esposa de Charles Haddon Spurgeon. Mas permanecerá na memória como ela mesma, uma mulher que encontrou consolação em seu sofrimento ao ministrar às necessidades de outros. Ela se destacará para sempre!

Livro 1

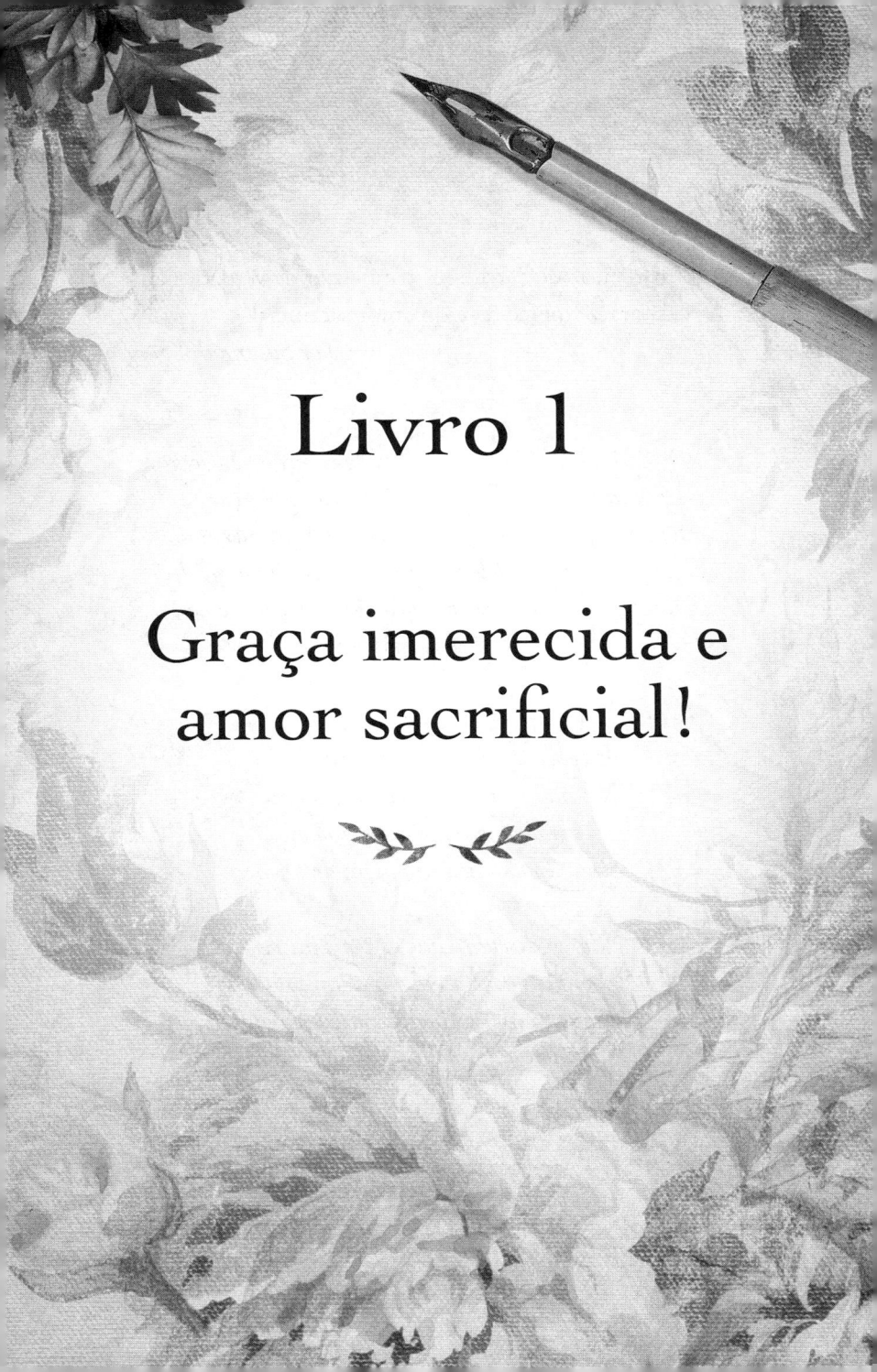

Graça imerecida e amor sacrificial!

Um repicar de carrilhões para ecoar as verdades antigas da graça imerecida e do amor sacrificial!

Por Susannah Spurgeon

Oro também para que os olhos do coração de vocês sejam iluminados, a fim de que vocês conheçam a esperança para a qual ele os chamou, as riquezas da gloriosa herança dele nos santos e a incomparável grandeza do seu poder para conosco, os que cremos.

EFÉSIOS 1:18,19 NVI

Às vezes, no recôndito de minha dor,
Nos momentos que são apenas meus,
E em meio a todos os sofrimentos,
Sinto a mão disciplinadora de Deus.

Então descubro que os mais fracos
Nas tempestades da vida têm um protetor;
E que apenas os frágeis cordeirinhos
São carregados nos braços do pastor!

1

Um repicar de carrilhões

*Aquele que não poupou o seu próprio Filho, [...]
porventura, não nos dará graciosamente
com ele todas as coisas?*

ROMANOS 8:32

Amado Senhor, os dedos da fé estão tangendo alegremente os sinos desses doces carrilhões nesta manhã e fazendo-os soar com júbilo em louvor ao Teu gracioso nome!

"Aquele que não poupou!"
"Porventura, não nos dará?"

São repiques de total triunfo! Nenhuma nota de dúvida ou de incerteza desfigura esta música celestial: Desperte, meu coração, e compreenda que é sua fé que está produzindo essa gloriosa melodia! É difícil acreditar, mesmo que seja por alegria?

Contudo, é verdade abençoada, visto que o próprio Senhor concede a graça e depois aceita o tributo de gratidão e louvor que essa graça traz. Toque as notas melodiosas mais uma vez, e mais outra, porque a fé celebra uma festa hoje, e a alegria da confiança está realizando coisas maravilhosas.

"Aquele que não poupou!"
"Porventura, não nos dará?"

Ouça como as repetidas negativas afirmam gloriosamente o fato de que Ele está pronto a abençoar! Estes sinos prateados verdadeiramente possuem o poder de afugentar todas as maldades.

"Aquele que não poupou o seu próprio Filho." Deus entregou Seu tesouro mais precioso. Poderia Ele reter de você algo de menor valor? Ele deu-lhe ouro; negar-lhe-ia o latão? Não! Enquanto a fé é assim despertada em exercício vivaz pelo Espírito de Deus, as cadências de exultante louvor precisam ecoar com clareza e em alta voz: "Porventura, não nos dará graciosamente com ele todas as coisas?".

Pense bem, meu coração, o que "todas as coisas" significa para você! Se você tem Cristo — então com Ele, e nele, você possui "todas as coisas"! Todas as bênçãos espirituais, ricas e preciosas estão armazenadas para você nesse depósito divino, e as dádivas mais primorosas e mais requintadas de Deus estão aqui aguardando que sua fé as reivindique! Regozije-se, ó minha alma, porque Cristo e "as coisas de Cristo" não podem ser divididas!

Perdão, paz, santificação, caminhada ao lado de Deus, comunhão constante com Jesus e habitação do Espírito Santo — não estão todos reunidos "com Ele" como um cacho de uvas maduras em uma majestosa videira? Se você tem Deus, tem tudo. Não há nenhuma necessidade ou desejo em sua vida interior que não possa ser triunfantemente suprido pelo desafio inabalável da fé. "Aquele que não poupou o seu próprio Filho, [...] porventura, não nos dará graciosamente com ele todas as coisas?".

Nem há também alguma necessidade de seu estado temporal que não possa, igualmente, clamar a bênção de possuir "todas as coisas" em Cristo.

Senhor, aviva a minha fé, abre-me os olhos para ver quão profundo e largo, quão pleno e livre é o amor inefável que não poupou o Teu próprio Filho, e, portanto, não pode poupar qualquer outra dádiva a mim, Tua indigna filha! Agradeço-te porque não preciso "atravessar o Jordão, Senhor", para "tocar esses sinos encantadores"; mas aqui, agora, no santuário de meu coração, e durante o dia inteiro, nos esconderijos indisfarçados de minha vida diária, eu posso fazer essa música abençoada ressoar para Tua glória e para minha alegria extrema.

"Porventura, não nos dará?"
"Porventura, não nos dará?"

2

Jesus Cristo mesmo

*Ora, nosso Senhor Jesus Cristo mesmo e Deus,
o nosso Pai, que nos amou e nos deu eterna consolação
e boa esperança, pela graça.*

2 TESSALONICENSES 2:16

"*N*osso Senhor Jesus Cristo mesmo." Ó, o divino mistério do maravilhoso amor e piedade envoltos nessas poucas palavras! As coisas preciosas do Céu — "o que é mais excelente dos montes antigos" e "mais excelente dos outeiros eternos" — certamente estão todas reunidas aqui. E, com um anseio profundo e inexprimível, minha alma deseja buscá-las e encontrá-las.

Aquele "Nome que está acima de todo nome" é cantado pelos anjos como sua mais doce canção, mas a terna cadência terrena que meu coração ouve nessa palavra enfática — "mesmo" — intensifica sua melodia para mim. Jamais um pronome de reforço teve um significado tão importante ou transmitiu ao coração uma certeza tão ardente do amor e do afeto perfeitos.

Falamos às vezes das mais belas posses, que elas são "propriedade nossa"; e, quando falamos de ti, amado Mestre, como "Jesus Cristo mesmo", há uma nova fragrância no "unguento derramado", uma compreensão pessoal do que és para nós em Tua divina humanidade, que nos atrai "com cordas humanas, com laços de amor". Essas palavras te trazem para bem perto de mim como meu Salvador. Parecem revelar-te como Aquele que pode "compadecer-se das nossas fraquezas" e que tem compaixão de todos os nossos sofrimentos, porque és "reconhecido em figura humana".

"Jesus Cristo MESMO!" Repito essas palavras até minha alma estar repleta de sua doçura e meu coração estar satisfeito com a paz de crer que esse bendito Jesus é meu e ama até mesmo alguém como eu!

"Deus, o nosso Pai". Senhor, ajuda-me a compreender tudo o que esse relacionamento maravilhoso significa para mim! Como Tua filha, posso reivindicar tudo o que prometeste conceder. E, se estou vivendo e agindo como Tua filha — habitando contigo, amando-te e obedecendo a ti —, certamente descobrirei que Teu amor paternal está pronto a conceder cada sensato desejo de meu coração.

Amado Senhor, quando vejo — e vejo com frequência — alguns pais terrenos, cujo amor por seus filhos é intenso, tolerante e indescritivelmente carinhoso, envergonho-me de não entender melhor o amor de Teu coração por mim, Tua filha por meio da fé em Cristo Jesus! Perguntas-me "Quanto?" e não sou capaz de calcular tal dimensão, Senhor! Mas sei que Teu amor é infinitamente maior, mais próximo e mais ardente, porque és o Deus infinito e me amas com amor eterno!

Ó, que eu possa ter o espírito de uma criança quando me aproximar de ti! Qual é a criança que tem medo de correr em direção a um pai amoroso e pedir-lhe tudo o que deseja? A dúvida jamais chega à mente de uma criança. Ela sabe que receberá tudo de que necessita e a direção de tudo o que lhe diz respeito. A criança não se aflige com o hoje, não se preocupa com o amanhã, não teme o ontem. Ela raciocina: "Meu pai sabe tudo. Meu pai pode tudo. Meu pai me dá tudo. Meu pai me ama!". Aquele "que nos amou"! Ó minha alma, você é capaz de imaginar por um instante qual seria a bênção, o descanso e a paz se vivêssemos, dia após dia, como uma criança no amor do Pai?

Ele me conhece plenamente! E entende todas as minhas peculiaridades. Ele vê...

...minhas perplexidades,

...minhas fraquezas,

...minhas graves tentações,

...minha condição pecaminosa e

...minhas imperfeições diárias.

No entanto, Ele me ama apesar de tudo isso! E não porque eu tenha qualquer mérito ou valor, mas porque sou Sua filha redimida. Creio em Seu Filho amado, a quem Ele entregou para morrer por meus pecados. Recebi dele a salvação completa. Recebi o Espírito de adoção e agora, com confiança e fé perfeita, posso olhar para Ele e dizer: "Aba, Pai!".

E isso não é suficiente para eu viver totalmente sem preocupações — como uma criança?

Ó meu Pai, ensina-me a compreender quão profundo, quão forte e quão compassivo é o amor do Teu coração por mim, pois entregaste Teu Filho unigênito — Jesus Cristo mesmo — para me redimir e me levar para viver contigo, meu Deus!

3

O dom de Deus!

*Se conheceras o dom de Deus e quem é o que te pede:
dá-me de beber, tu lhe pedirias,
e ele te daria água viva.*

JOÃO 4:10

Ó Homem fatigado, de pés doloridos e cansado, sentado junto ao poço, pedindo um pouco de água das mãos de uma pobre pecadora — tu és meu Senhor e meu Redentor; creio em ti, eu te amo e te adoro!

Quase 2.000 anos se passaram desde que proferiste as doces palavras que agora confortam meu coração, mas com que poder, refrigério e bênção elas chegam até mim neste momento!

"Se conheceras." Senhor, disseste-me quem és, em Tua misericórdia te revelaste a mim. Sei que és aquele bendito "dom de Deus" e que somente tu podes salvar e satisfazer a minha alma. A profundidade e o alcance do amor Celestial manifestam-se em ti, e me mostraste, não somente a minha necessidade, mas a suficiência de Tua graça e poder para supri-la.

Sou uma pecadora vazia — tu és o Cristo completo!

"Tu lhe pedirias!" Isso também, ó bendito Cristo, ensinaste-me e me capacitaste a fazer; e o clamor constante de meu coração — "Senhor, dá-me dessa água viva!" — é muito comum aos Teus ouvidos atentos! É a ti que eu quero; Senhor, "a minha alma tem sede de ti!". Nem Teus dons, nem Tua graça, nem mesmo Tua glória poderiam satisfazer o desejo de uma alma que criaste para ansiar por ti. Tu, o Doador de todas as outras coisas preciosas, és o dom mais primoroso, o dom "inefável"! Senhor, na sede do meu destituído coração derrama a torrente plena de Teu amor vivificante! Dá-me de ti — ou morrerei!

E, depois de pedir, creio que receberei, pois Teus lábios disseram: "Ele te daria" e sussurro suavemente a mim mesma as palavras abençoadas: "O Filho de Deus, que ME amou e a si mesmo se entregou por MIM", compreendendo a alegria sagrada e transbordante de ter os pecados perdoados e a paz com Deus, preenchendo e satisfazendo a minha alma.

E assim, amado Senhor, meu espírito, como um pássaro fatigado, dobra suas asas ao lado desse manancial de consolação, entra furtivamente nessa abençoada "Fenda da Rocha" e descansa!

4

Seu grande amor

Nisto consiste o amor: não em que nós tenhamos amado a Deus, mas em que ele nos amou e enviou o seu Filho como propiciação pelos nossos pecados.

1 JOÃO 4:10

Como o precioso bálsamo de Gileade ou o cinamomo e o doce cálamo do óleo da santa unção, essas palavras abençoadas chegaram esta manhã ao meu triste e dolorido coração. Amado Senhor, agradeço-te por elas. Tu as tiraste de Teu Livro e as disseste a mim com Tua viva e amorosa voz — e elas me despertaram para te amar!

Com vergonha e tristeza, levei a ti meu implacável e insensível coração. Consegui apenas expressar em gemidos minha falta de fé e de sentimentos diante de ti. O próprio desejo de amar-te parecia estar reprimido e sem força dentro de mim; somente uma luta ocasional revelava sua desguarnecida existência. Então, Senhor, quando me ajoelhei em Tua presença, com a cabeça curvada e o espírito atribulado, orando apenas com lágrimas e suspiros, tu sussurraste aquelas meigas palavras ao meu ouvido, e elas trouxeram luz e liberdade à minha alma cativa! Bendito seja o Teu amado Nome por essa gloriosa libertação!

Não é o meu pobre, frio e indiferente amor que me satisfaz e me consola, mas o Teu amor — grandioso, pleno, livre e tão eterno quanto tu! Certamente eu já sabia disso, Senhor, mas havia me trancafiado na incredulidade até que, em Tua terna misericórdia, proferiste a Palavra que me libertou do cativeiro, abriu as portas de minha prisão e me conduziu à alegria da paz verdadeira ao crer!

"Não em que nós tenhamos amado a Deus!" Não, e esse é o triste temor e mistério de nossa vida não renovada, amantíssimo Mestre. Não te amar é nossa maior culpa e vergonha. E muito pior que isso, porque éramos inimigos — inimigos agindo com crueldade — de Quem pedia o amor mais ardente e grato de nossa alma! Colocamo-nos em atitude de rebeldia diante de nosso maior Amigo; ou, mesmo não sendo uma rebeldia explícita, esquecemo-nos totalmente daquele a quem nosso coração devia justa lealdade.

"Não em que nós tenhamos amado a Deus!" Ah, amantíssimo Senhor, tu sabes como é profunda e triste essa verdade em relação a mim — e como chorei durante os anos em que passei sem te amar e distante de ti! Ó coração empedernido, ó olhos cegos, ó alma pobre, insensível, apática, que foram capazes de serem indiferentes aos esforços do Espírito de Deus, que foram capazes de deliberadamente negligenciar os apelos do amor do Salvador e deixar de ver a beleza naquele que é "totalmente desejável!".

"Mas em que ele nos amou!" Aqui está...
    um abençoado contraste,
    o antídoto para o aguilhão do pecado,
    luz após trevas,

esperança após desespero,
vida após morte!

Senhor, minha alma se entrega inteiramente a esse fato glorioso, a essa verdade libertadora, da mesma forma que um homem se afogando agarra-se ao colete salva-vidas que alguém lhe jogou no mar encapelado! Se não me amares e não me salvares perecerei para sempre. Mas não existe a dúvida de afundar ou não quando Jesus salva; não existe o medo de perder a vida quando Ele ama.

Ó meu Senhor, eu te agradeço imensamente por Tua preciosa Palavra pela qual me deste esperança! Agora, em vez de afligir-me com a triste falta de meu pobre amor por ti, meu coração cantará o dia inteiro a bênção e a segurança de ser amada livremente.

"Não em que nós tenhamos amado a Deus" — é trevas, é amargura, é eterna destruição!
"Mas em que ele nos amou!" — é luz e perdão, é paz e vida eterna!

5

A misericórdia de Deus

> *Porque os montes se retirarão, e os outeiros serão removidos; mas a minha misericórdia não se apartará de ti, e a aliança da minha paz não será removida, diz o* Senhor, *que se compadece de ti.*
>
> ISAÍAS 54:10

Às vezes, gostamos de pensar na consolação que nos aguarda no Céu quando nossa luta terminar e nossa iniquidade for perdoada. Mas aqui, nesse texto precioso das Escrituras, temos consolação e ajuda para a vida diária e para as contendas do mundo.

A misericórdia de Deus é inefável, ilimitável e imutável! Todo cristão a sente; mas a multidão inteira dos redimidos, vindos de todas as terras, ao longo de todas as eras, não saberia dizer qual é a altura, a profundidade, o comprimento e a largura dessa "grande", "eterna", "amorosa" bondade que habita no coração de Deus por Seu povo!

"Minha misericórdia!" Amado Senhor, as palavras são tão doces para minha alma como o mel e o favo. Dentro delas há...

...uma resposta para todos os meus medos,

...uma solução para todas as minhas súplicas,

...uma promessa de poder para superar todas as minhas fraquezas.

Eu te digo às vezes: "Senhor, como podes ser tão terno e gracioso a uma pessoa tão desatenta, tão indigna, tão indesculpável como eu?" E Tua resposta é: "Minha misericórdia! Eu te amo com amor eterno!".

"Mas, Senhor, sou uma pecadora maior e pior do que pensava! Cada dia me revela uma maldade ainda não descoberta em meu coração, que deve ser desagradável aos Teus olhos." Mais uma vez dizes: "Minha misericórdia! Eu perdoei o teu pecado!".

"Mas, Senhor, não tenho poder para fazer o que é certo e, sozinha, não posso sequer imaginar ter um bom pensamento — e muito menos ter uma vida de santidade que ordenas e exiges." E mais uma vez tu me dás aquela meiga resposta: "Minha misericórdia! Minha graça te basta, porque a minha força se aperfeiçoa em sua fraqueza!".

Ó, quem dera eu tivesse a língua de um serafim para dizer, ou uma pena mergulhada nos louvores do Céu para escrever o que Sua misericórdia, Sua terna misericórdia, tem sido para mim!

"Os montes se retirarão, e os outeiros serão removidos, mas a minha misericórdia não se apartará de ti!" As negativas e as afirmativas de Deus são como grandes rochas projetando-se das areias inseguras e movediças de todas as experiências terrenas. Quando uma alma angustiada e aturdida consegue, pela fé, agarrar-se firme a uma dessas rochas, todo medo desaparece, toda ansiedade se vai, nada pode tirar dela sua confiança e paz.

Todos sofremos, um pouco mais ou um pouco menos, devido às influências mutáveis ao nosso redor. E talvez tenhamos adicionado algo ao sofrimento que há no mundo por causa de nossa inconstância e instabilidade. Mas nunca, nem por um momento, o nosso Deus retirou o amor com o qual Ele nos amou desde a eternidade! Jamais Ele abandonou ou esqueceu aquele que colocou a sua fé nele. É verdade, nossos pecados e nossa ingratidão o entristecem e o provocam tanto que Ele poderia esconder de nós o Seu rosto por algum tempo. Mas, ainda assim, Sua "misericórdia não se apartará de ti!".

Ó meu amado Senhor, que o apoio e a consolação desse precioso "não se apartará" penetre fundo em minha alma esta manhã e me fortaleça para eu enfrentar qualquer dificuldade, resistir a qualquer mal e suportar qualquer provação com a coragem que tal afirmação concede! Ou que faça dela um doce lugar de repouso e refúgio para mim, Senhor, onde eu possa abrigar-me de todas as perturbadoras mudanças do mundo à minha volta. Embora as amizades possam se esfriar, os tempos possam mudar, as circunstâncias possam se alterar, a idade possa avançar sorrateiramente, as enfermidades possam surgir de uma só vez e a carne e o coração possam falhar — sim, embora meus pés toquem as águas frias do rio da morte — ainda assim essa promessa será certa e verdadeira! Tua misericórdia nunca se apartará de mim, porque me apresentará "diante da sua glória sem mácula e com grande alegria!".

6

A incomparável grandeza do poder de Deus

Oro também para que os olhos do coração de vocês sejam iluminados, a fim de que vocês conheçam a esperança para a qual ele os chamou, as riquezas da gloriosa herança dele nos santos e a incomparável grandeza do seu poder para conosco, os que cremos.

EFÉSIOS 1:18,19 NVI

Venha, meu coração, satisfaça-se e deleite-se esta manhã pensando no que o seu Deus poderoso pode fazer por você — a graça que Ele é capaz lhe dar agora e a glória que Ele está lhe reservando — o poder que revigora, sustenta, fortalece e preserva, tudo isso revestido nas mãos amorosas do Senhor para lhe favorecer. Aqui há um depósito de riquezas sobre as quais seus maiores pedidos não possuem qualquer diminuição perceptiva — e tudo isto é seu!

"Incomparável grandeza." Sim, Senhor, Teu poder é mais vasto e maravilhoso que minha mente pobre e finita é capaz de imaginar.

Teu poder ordena ao Sol que irradie seu calor e luz brilhante!

Teu poder mantém as estrelas no espaço e firma a Terra sem que haja algum suporte.

Teu poder governa o Universo com uma palavra!

Isso não é grandioso demais? Toda a natureza manifesta as obras de Tuas mãos, e Teu maravilhoso poder é igualmente visto nas formas mais ínfimas de vida e crescimento — como nos desenvolvimentos mais nobres de Tua mão criativa. Todas as descobertas da ciência, todas as revelações de seus segredos que ultimamente nos têm surpreendido e encantado não passam de vislumbres do poder e da sabedoria infinitos do Deus cujo "amor é tão grande quanto [Teu] poder, e não tem medida nem fim".

Mas, Senhor, não é na majestade de Tua onipotência revelada em Teu mundo material que eu medito neste momento; é na "incomparável grandeza do [Teu] poder para conosco, os que cremos", que fascina meu coração e estremece minha alma de alegria!

Ajuda-me a aproximar-me de ti, amado Senhor, com humildade e reverência, para que eu possa "ver essa grande maravilha". Porque, embora este seja um lugar santo e a sarça não se queime com o fogo, não existe nenhuma barreira, como antigamente, para evitar uma aproximação contigo, pois vejo que, agora, fomos "aproximados pelo sangue de Cristo".

Se tenho fé verdadeira no Senhor Jesus Cristo, então a incomparável grandeza do poder do Altíssimo, "conforme a atuação da sua poderosa força", é para mim — está ao meu lado. Ou, digo isto com profunda reverência, está a meu dispor, sempre à mão para ajudar, guardar, defender e prover.

Ponho de lado minha caneta e pergunto a mim mesma: "Eu acredito nisso? Todo cristão acredita? É possível que exista entre os fracos, desconfiados, egocêntricos e indiferentes — que conheço e de quem ouço falar — alguém que possua a certeza de ter o poder do Deus vivo habitando nele e que possa fazer todas as coisas por meio de Cristo que o fortalece? Se existe alguém assim, por que, ó por que, ele não anda de modo digno da sublime vocação a que foi chamado?".

Olhe para si mesma, ó minha alma. A suprema grandeza do poder de Deus manifesta-se em você como deveria se manifestar? Bendito seja o Seu nome. Você pode dizer: "Ele me redimiu da morte e do inferno, perdoou meus pecados ao derramar Seu precioso sangue e deu-me uma promessa de vida eterna em Sua presença!". E o que mais? Essas são as dádivas mais preciosas de Sua graça — as pedras angulares de Sua misericórdia e amor. O que você possui dos detalhes de Sua poderosa obra, do Seu encher, isto é, do grandioso plano de Sua vontade e propósito para você? O que a "atuação da sua poderosa força" produz em seu coração e em sua vida? Você está inteiramente consagrada ao serviço dele? Entregou a si mesma e tudo o que você possui em Suas mãos amorosas? Você está cheia de Seu Santo Espírito? Ele controla todos os seus pensamentos, palavras e ações? Toda a capacidade de seu ser e todos os bens de sua alma e de seu corpo estão sujeitos e submissos à Sua absoluta autoridade?

Ah, Senhor! Tua pobre filha confessa tristemente que carece muitíssimo do alto padrão da vida cristã que Tua Palavra espera que ela alcance. Assim como muitas outras pessoas, pareço viver "na miséria" quando poderia ter "vida abundante"! Sei que as possibilidades de ser semelhante a Cristo devem ser apenas medidas pelas supremas riquezas de Tua graça e pela suprema grandeza de Teu poder e, no entanto, pareço às vezes estar satisfeita sem a completa participação na gloriosa experiência que Teu amor oferece.

Senhor, ilumina-me e vivifica-me, eu te suplico! Manifesta em mim a graça poderosa que tornará minha vida diária uma prova clara de que estás forjando Tua vontade em mim e fazendo-me conhecer, ao menos um pouco, o significado da "incomparável grandeza do [Teu] poder para conosco, os que cremos".

7

O consolador dos que choram

Tragará a morte para sempre, e, assim, enxugará o Senhor *Deus as lágrimas de todos os rostos.*

Isaías 25:8

Venham, todas as almas aflitas e em pranto, e vejam que maravilhosa pérola de promessa o seu Deus trouxe à luz para vocês, extraída das profundezas de seu mar de aflição. Aqui está uma evidência tão indizivelmente terna, um fato tão abençoado e jubiloso que vocês mal podem lamentar o pranto que busca tal compaixão e consolação divinas.

Venham, e juntas — porque eu também choro — vamos examinar minuciosamente essa preciosa Palavra de nosso Deus. Vamos nos ater a esse amor inefável, vamos pensar em sua meiga compaixão até que nossas lágrimas captem seu suave resplendor e brilhem com a beleza do "arco-íris ao redor do trono".

Pergunto-me, às vezes, se esse arco glorioso em torno do próprio trono de Deus poderia ser uma peculiaridade da transformação das angústias da Terra em alegrias Celestiais, um símbolo carinhoso do brilho do amor perdoador de Deus sobre a chuva de lágrimas dos olhos dos mortais pelo pecado, sofrimento e morte. Não pode haver arco-íris sem chuva, e certamente não pode haver pranto no Céu; portanto, pode até ser que o Senhor tenha colocado esse arco-íris em Seu alto e santo lugar como um símbolo para nós, de que todas as lágrimas que derramamos neste mundo sejam refletidas no Céu e ali brilhem com cores esplêndidas, da mesma forma que a luz de Seu amor por nós em Cristo Jesus incide meigamente sobre elas.

"Vi as tuas lágrimas", Ele diz, "e um dia todas serão enxugadas". Com que frequência somos compelidas a lamentar: "Meus olhos estão cheios de lágrimas" por causa do pecado que ainda se levanta contra nós com força terrível em nosso coração, e com que frequência temos de chorar sobre o mal que está presente conosco! Tais lágrimas são mudas, contudo, são também testemunhas eloquentes de nosso arrependimento perante Deus, e da fé no Senhor Jesus Cristo. Nenhuma joia é tão encantadora e preciosa aos olhos do Senhor como as lágrimas derramadas por um pecador por seu pecado. No entanto, todas essas lágrimas serão enxugadas um dia!

As gotas salgadas que escorrem furtivamente por nosso rosto em razão do sofrimento físico — e em desespero vertidas de nossos olhos pelo sofrimento e fraqueza mortais — são todas vistas por nosso Deus de amor. São guardadas em Seu odre, e o propósito dele é que serão manifestas quando sua missão for cumprida e, então, a fonte de onde elas brotam se secará para sempre. "E lhes enxugará dos olhos toda lágrima!".

E, com essa inacreditável ternura, as lágrimas amargas derramadas pela aflição serão enxugadas quando chegarmos ao lar celestial! Aqui, as águas profundas de nossa tristeza parecem abrandar-se por pouco tempo, mas irromperão de novo, e com poder maior, para nos inundar o coração com a lembrança da angústia passada. Mas, lá, todos os traços de dor desaparecerão completamente! Quando virmos, com os próprios olhos, a glória daquela terra para onde nossos amados atravessaram antes de nós, nossa ponderação será de que não precisaríamos, de fato, ter lamentado que não fossem poupados dos infortúnios da vida para entrar na "plenitude de alegria" à mão direita de Deus.

"Enxugará o SENHOR Deus as lágrimas de todos os rostos!". Não há sombra de dúvida a respeito disso, pobre alma em pranto. Seu Pai não apenas inspirou o profeta Isaías a falar de modo tão seguro, mas também repetiu duas vezes a mesma doce mensagem ao apóstolo João em Patmos: "E lhes enxugará dos olhos toda lágrima!". Assim como uma mãe afetuosa acalma o filho, ou como um marido carinhoso consola a esposa — assim, você que chora, receberá a consolação de Deus quando Ele a levar para o lar celestial, e essa consolação será tão completa que você "não mais se lembrará de sua dor".

Sim, o mundo está repleto de pranto; até Paulo falou de "servir ao Senhor com lágrimas". Cada coração conhece a própria amargura, e todo coração tem uma amargura a conhecer. O pecado precisa trazer tristeza — as lágrimas são a herança dos filhos da Terra. Mas, na pátria da qual somos cidadãs, "Deus lhes enxugará dos olhos toda lágrima, e a morte já não existirá, já não haverá luto, nem pranto, nem dor, porque as primeiras coisas passaram".

Bendito seja o Teu precioso nome, ó Senhor, por esse "forte alento" — essa "boa esperança pela graça". Lágrimas poderão vir e virão; mas, se elas se acumularem nos olhos que estão constantemente olhando para ti e para o Céu, brilharão com o resplendor da glória que virá!

8

A beleza da vontade de Deus

Faça-se a tua vontade, assim na terra como no céu.
MATEUS 6:10

Quando minha alma for arremessada nas ondas encapeladas do mar agitado desta vida, se eu conseguir lançar a âncora da esperança nas profundezas da vontade bendita de Deus, ela se firmará num instante, e os ventos e as ondas serão repreendidos.

Amado Pai, agradeço-te porque tornaste a Tua vontade muito querida e preciosa para mim! Certa vez, em meio às trevas da tristeza indescritível, tu me capacitaste a dizer: "Ele faz tudo muito bem!". E agora, embora os dias sejam mais calmos, os anos velozes trazem de volta o tempo de tristes lembranças, olho para trás dizendo ainda: "Ele faz tudo muito bem!".

"Faça-se a tua vontade, assim na terra como no céu". Meu Deus, eu te bendigo pela lembrança tão acolhedora e reconfortante de que, embora a pessoa querida que tiraste de mim esteja fazendo Tua vontade no Céu com alegria, eu, por Tua terna graça, posso estar fazendo o mesmo na Terra. Não posso fazê-la com a mesma perfeição, mas posso cumpri-la com paciência, humildade e aceitação. Senhor, que esse seja meu desejo e deleite diários! Como essa esperança me aproxima de meu amado! "Ele está com Cristo — e Cristo está comigo." Há apenas o véu da carne entre nós, que em breve será rasgado, e então estaremos "juntos com Ele".

"Faça-se a tua vontade." Esse descanso na vontade de Deus é uma das experiências mais reconfortantes e abençoadas da vida cristã. Dizer: "Faça-se a tua vontade", não de modo relutante ou obrigatório, como se estivéssemos nos encolhendo diante de uma dor inevitável, mas com a convicção sincera e alegre de que nosso Pai amado está fazendo o que é melhor para nós e amando-nos completamente — embora não pareça assim aos nossos olhos embotados —, glorifica o Pai e nos traz consolo supremo.

Os planos e os propósitos de Deus para mim e para você, querida leitora, foram feitos e determinados desde o princípio. E, conforme estão sendo trabalhados dia após dia em nossa vida, quão sábio seria se, com certeza jubilosa, aceitássemos cada revelação da vontade de Deus como prova de Sua fidelidade e amor! Quando eu, como crente, posso dizer de coração: "Esta é a vontade de Deus a meu respeito", não importando o que "esta" possa ser — uma pequena preocupação doméstica ou o rompimento dos laços com a pessoa mais querida deste mundo —, o fato de que essa é Sua mais bendita vontade retira todo esse terrível ferrão do problema e deixa-o sem força para machucar ou atrapalhar a paz de minha alma.

Há uma enorme diferença entre os golpes assassinos de um inimigo e a punição necessária da mão de um pai amoroso! O Senhor pode nos causar dor, mas Ele curará essa dor. Ele pode nos ferir, mas Suas mãos curarão a ferida. Com que frequência o Senhor quebranta um coração antes de poder entrar nele e enchê-lo com Seu amor. Mas quão precioso e perfumado é o bálsamo que, dali em diante, fluirá daquele coração para os outros! Amado Pai, como é grande o número de Teus filhos que podem dizer verdadeiramente: "Antes de ser afligido, eu andava errado, mas agora guardo a tua palavra!".

"Faça-se a tua vontade, assim na terra como no céu!" Senhor, pode tal coisa ser verdadeira? A concretização disso parece tão elevada, tão celestial, tão impossível! No entanto, se não estivesse ao nosso alcance, tu não nos terias ensinado a orar por ela. O fazer a vontade de Deus de coração precisa ser ao menos o reflexo, a cópia da perfeita obediência dos santos em glória. Ó, começar assim o serviço do Céu — enquanto estamos ainda na Terra! Praticar aqui para ser perfeito lá! Estamos apenas aprendendo as leis, as maneiras e os costumes do país onde nossa herança eterna nos aguarda! Diga, minha alma, você está se preparando assim tão diligentemente para sua cidadania no Céu?

9

Teu caminho, não meu caminho

Endireita diante de mim o teu caminho.
SALMO 5:8

Amado Pai, esse grito sobe a ti esta manhã partindo de uma alma posta à prova e perplexa, que está com medo de "vaguear pelos desertos sem caminho". Inclinarás Teu ouvido e ouvirás suas orações concedendo a direção e a orientação desejadas?

"Endireita o teu caminho." Amado Senhor, não estou dizendo que Teus caminhos são sempre curvos e cheios de desvios, mas que meus olhos tendem a ver pequenas veredas agradáveis, onde o trajeto não é tão acidentado, nem a caminhada tão cansativa, como na estrada do Rei! Meu caminho parece muito atraente, muito fácil, muito satisfatório à carne. Teu caminho significa autonegação, carregar a cruz e abandonar grande parte dos desejos carnais de meu coração.

Agora, amado Senhor, ouve meu clamor: "Endireita diante de mim o teu caminho". Força-me, pelo poder de Teu amor e de Teu exemplo, a andar no caminho estreito! "Cerca o meu caminho com espinhos", para que eu não dê um passo fora daquele que estabeleceste para mim.

E se algumas vezes houver névoas e neblinas tão espessas que me impeçam de enxergar o caminho? Basta que segures minha mão e me guies nas trevas, porque andar contigo no escuro é muito mais suave e seguro que andar sozinha sob a luz solar!

Amado Senhor, concede-me graça para confiar plenamente em ti, seja qual for meu destino, rendendo-me à Tua direção e apoiando-me com firmeza em ti quando houver "caminhos perigosos". Teu caminho para mim foi marcado desde a eternidade e leva-me diretamente a ti e ao lar celestial! Ajuda-me a ter os olhos fixos na alegria que está diante de mim e livra-me do mais ínfimo desejo de desviar-me e parar nas campinas floridas que, com muita frequência, atraem os pés dos pobres peregrinos em direção ao perigo e à angústia!

Pai, disseste que "os meus pensamentos não são os [Teus] pensamentos, nem os [Teus] caminhos, os meus caminhos". É verdade, amado Senhor, mas então tu podes elevar meus pensamentos até os Teus pensamentos e exaltar meus caminhos até alcançarem o topo da montanha da obediência à Tua bendita vontade. Realiza esse milagre para mim hoje, ó Senhor; usa aquela doce compulsão que deleitará meu coração, enquanto ela guia os meus passos! Faz-me correr no caminho de Teus mandamentos, e eu correrei com alegria, com a certeza bendita de que finalmente alcançarei a meta! Tu mesmo colocaste um detector em meu interior, que aciona uma leve advertência quando meus pés se desviam do caminho certo!

Mas, o melhor de tudo, amantíssimo Senhor, caminha comigo na estrada da vida hoje e todos os dias! Que a permanência de minha alma em ti seja tão real e constante, tão verdadeira e terna a ponto de eu estar sempre consciente de Tua doce presença e jamais dar um único passo longe da Tua mão sustentadora e libertadora!

10

A graça de Deus sobre o Seu povo

*Esteja sobre nós a bondade
do nosso Deus Soberano.*

SALMO 90:17 NVI

Quando li essas maravilhosas palavras esta manhã, chegou até mim, rápido como o clarão de um raio, a solene pergunta: "Ó minha alma, é essa a bondade que repousa sobre você e sobre toda a sua vida diária?". Que tristeza! Não houve nenhuma resposta ou voz audível; mas a cabeça curvada, os lábios silenciosos e o suspiro interior de um coração culpado, porém penitente, deram a única resposta possível.

Sentei-me, então, diante do Senhor, perplexa e envergonhada, e a multidão dos pensamentos dentro de mim assumiram forma e feitio desta maneira: "Pai, tu sabes que almejo sinceramente a graça da santificação e que obedeceria alegremente a Teu mandamento para ser santa; e, se os anseios pela total submissão a ti fossem úteis para conseguir essa graça especial, eu a possuiria. Então, o que é que derrota de modo tão constante o meu propósito, frustra meus esforços e impede a realização do meu desejo mais sincero?

Amado Mestre, se Tua vontade a meu respeito é minha santificação, por que essa vontade não é realizada em mim de forma absoluta? Será que estou acalentando inconscientemente algo em meu coração que obstrui a obra de Teu Santo Espírito e, dessa forma, a bênção que destinaste a mim não me alcança porque o caminho está bloqueado por uma vontade que não foi submetida inteiramente à Tua vontade? Ou será que estou tão satisfeita com simples desejos vazios de ser semelhante a Cristo, entregando-me a pobres e frágeis anseios nos quais há tanta falta de entusiasmo, de forma que o Espírito de Deus se entristeceu e não revelou Seu poder?

Ó Senhor, tem piedade de mim — e perdoa-me! Desperta minha alma para uma intensa percepção da solene responsabilidade envolvida por eu pertencer a ti e carregar Teu nome comigo! Aviva em mim, Senhor, um desejo ardente de ser tudo aquilo que desejas que eu seja! Enche-me com aquela poderosa influência que efetua em nós "tanto o querer como o realizar" de Tua boa vontade! Sim, disciplina-me e aflige-me, Senhor, se nada mais servir para fazer de mim uma participante de Tua santidade!

"Esteja sobre nós a bondade do nosso Deus Soberano." Amado Pai, eu preciso ter essa bênção. Ajuda-me a fazer a maravilhosa oração inteligentemente, lembrando que foi por preço horrível que me garantiste uma resposta, e glorificando-te pelo amor sem igual que me faz —

Com Suas vestes imaculadas,
Tão Santo quanto o Deus Santo!

Que coisas Deus têm feito! Posso ver, apenas muito superficialmente, a feiura e a deformidade que o pecado produziu em minha natureza, e a destruição que tem feito entre todas as criaturas que o próprio Deus formou para Ele. Se não fosse essa coisa abominável, o pecado, seríamos, ainda hoje, "à imagem de Deus". Será que o lírio implora por sua alvura, ou a árvore por sua encantadora folhagem ou o Sol por seu resplendor? Não, eles são como Deus os fez; mantêm seu estado original e ainda são "muito bons"; mas o homem, o homem pecador, desobedeceu à ordem do Senhor, e aquele que foi feito à semelhança de Deus foi deformado e desfigurado pelo mal dentro de si.

Ah, amado Senhor, quando nos dás uma visão de nosso coração maldoso, ficamos sufocados pelo horror e logo cairíamos em desespero se tu não tivesses, rapidamente, voltado nosso olhar para o assombroso monte do Calvário, onde Aquele "totalmente admirável" fez a grande expiação que nos levou de volta a ti! Aquele sangue precioso, que nos purifica de todo pecado, restaura-nos a beleza que o pecado nos tirou; sua púrpura real não apenas cobre nossa deformidade, mas também a remove e concede-nos o encanto que o Senhor vê com satisfação.

Ó minha alma, você não deseja acima de tudo que essa "beleza da santidade" seja sua roupa gloriosa? Então você precisa permanecer muito próxima ao Mestre, fechando a porta de seu coração para tudo o que é mau e escancarando-a para a entrada de Seu Santo Espírito que, ao lhe revelar Cristo, a tornou semelhante a Ele.

Uma fábula antiga conta como um pedaço de barro comum adquiriu uma doce fragrância pelo contato próximo a uma rosa perfumada. A fábula será um fato abençoado em sua experiência — se a Rosa de Sarom desabrochar em seu coração e espalhar sua fragrância em torno de sua vida.

"Os teus olhos verão o Rei na sua formosura", sim, que Deus nos conceda essa formosura; mas a condição está expressa desta maneira: "Santidade, sem a qual nenhum homem verá o Senhor".

Louvores eternos ao Bem-amado de nossa alma. Que Sua perfeita justiça nos cubra agora e, também, no dia em que Ele nos levará à casa de Seu Pai e nos apresentará "com exultação, imaculados diante da sua glória!" (JUDAS 24).

11

Unção divina

Derramas sobre mim o óleo fresco.
SALMO 92:10

Senhor, se tu mesmo colocares essa linguagem confiante nos lábios de meu coração nesta manhã, e me deres poder para crer em ti, então o que eu digo acontecerá — Tua Palavra diz isso (MARCOS 11:23).

"Derramas sobre mim óleo fresco." Quão maravilhosamente Tua misericórdia e minha necessidade se unem aqui! As necessidades da minha alma proporcionam uma ocasião abençoada para derramares Tua graça. Quando Teu amor me desperta de manhã, como é estimulante pensar que essa unção está à espera de minha pobre indiferente, apática e debilitada alma! A renovação que o Espírito traz, a vivificação e a vinda do Consolador são os preciosos ingredientes que dão beleza às "cinzas, óleo da alegria, em vez de pranto" e fazem o rosto brilhar com a glória refletida do Céu!

"Derramas sobre mim óleo fresco." Ó meu amado Senhor, só tu conheces a grande e constante necessidade que tenho dessa "unção que nos ensina a respeito de todas as coisas". Às vezes, minha vida espiritual parece estar obstruída, como uma peça delicada de uma máquina que emperrou por ferrugem e fuligem. É raro um desejo em direção ao Céu movimentar as engrenagens morosas, e apenas uma fraca vibração de vez em quando prova que a força motriz ainda se move lentamente. "A minha alma está apegada ao pó!" e todo o meu ser começa a morrer até eu gritar: "Vivifica-me, ó Senhor!".

Então, em maravilhosa resposta ao meu clamor, surge o sussurro de uma palavra de poder e libertação: "Porei dentro de vós o meu Espírito e farei que andeis nos meus estatutos", e minha alma sente a obra abençoada, mansa e vivificante do Espírito Santo, enquanto se movimenta para livrar-se do pó e profere mais uma vez a feliz certeza: "O óleo fresco será derramado sobre mim".

E ó, como todas as coisas se movimentam com facilidade e suavidade quando o Espírito habita no coração e derrama o amor de Deus em abundância dentro de nós e ao nosso redor! Toda a fuligem e a ferrugem desaparecem de nossa vida diária e, com zelosa diligência, decidimos fazer a vontade de nosso Mestre.

Amado Senhor, Tua Palavra declara: "A unção que dele recebestes permanece em vós". Cumpre essa promessa em mim, eu te suplico, para que eu não mais te desonre com adoração e serviço lânguidos ou sem entusiasmo.

Unge-me para o serviço, Senhor, a fim de que, em tudo o que eu fizer a ti, direta ou indiretamente, seja manifesto o poder do Espírito Santo e o zelo sincero que somente Ele pode proporcionar!

Unge-me para o sacrifício, para que, ao contrário de minha natureza pecaminosa, o meu "eu" seja dominado, amarrado e crucificado, e que somente Cristo possa reinar em meu corpo mortal!

Unge-me para o sofrimento, se essa for a Tua vontade, para que eu te louve quando atravessar as águas e o fogo da aflição!

Unge-me para a intercessão, ó meu Pai, para que eu possa levar minhas súplicas a ti pelos outros, e por mim mesma, e triunfar!

Esta manhã, Senhor, derrama teu santo "óleo de alegria" sobre minha cabeça e permita que a unção preciosa e perfumada da Tua graça goteje, de hora em hora, das vestimentas do dia, até que as abas da noite envolvam o corpo e a alma nos suaves aromas do sono que concedes a Teus amados!

12

Ouvidos abertos

*Faze-me ouvir do teu amor leal pela manhã,
pois em ti confio.*

SALMO 143:8 NVI

Os ouvidos de minha alma estão obstruídos, Senhor, até que tu os abras. Estou surda e não posso ouvir a música das misericórdias que cantam ao meu redor, como melodiosos cantores do Céu.

"Faze-me ouvir." Assim como abriste os olhos do servo de Eliseu, a fim de ver Teus exércitos para defender e proteger Teu profeta, abre-me os ouvidos para que os tons de Tua mansa voz possam penetrar meu coração e fazê-lo pulsar com alegria extrema. Ou, se eu estiver surda demais pelo barulho e agitação do tumulto e das aflições do mundo, fala mais alto comigo, Senhor. "Faze-me ouvir", de modo que eu não perca o inefável privilégio de ouvir-te.

"Teu amor leal." Senhor, que profundezas indizíveis de compaixão estão cobertas por essas três palavras! Teu "amor" seria uma misericórdia imerecida; mas Teu "amor leal" é um milagre da condescendência e compaixão divinas. Tu não apenas resgatas — tu abraças. Não somente perdoas — advogas. E o manto da Tua justiça, que cobre Teus redimidos, é revestido com o forro branco das Tuas ternas misericórdias. E isso tudo é para mim, Senhor — uma criatura tão vil, tão indigna, muitas vezes tão ingrata e negligente! O que posso te dizer a esse respeito?

"Pela manhã." Quando tudo ao redor ainda dorme, Senhor, desperta meu coração com Teu meigo chamado, levanta meu espírito para a verdadeira comunhão contigo. As horas matinais com meu Deus santificam o dia inteiro. Em meu tempo de quietude contigo, Pai, enche-me a alma com os sons suaves da graça redentora e do amor perdoador para que, ao longo de todas as horas seguintes, possa haver melodia interior, e que a alegria seja tão profunda e real a ponto de não ser perturbada ou destruída por nenhuma discórdia aflitiva deste mundo.

"Pois em ti confio." Sei que isso é verdade, Senhor. Minha alma descansa em ti; ela repousa nas promessas inabaláveis de Tua Palavra e alegra-se com isso. Sim, embora essa oração, esse desejo de meu coração de ouvir Tua voz não seja concedido hoje, e permaneças em silêncio por algum tempo, essa será apenas a maneira de me atraíres para mais perto de ti, para que, nos sussurros mais carinhosos, possas dizer-me: "Eu te amo com amor eterno!".

13

Pálpebras descaídas

*Os meus olhos se cansavam de olhar para cima.
Ó Senhor, ando oprimido, responde tu por mim.*

ISAÍAS 38:14

Ezequias estava muito doente quando escreveu o salmo, ou poema lírico, do qual essas palavras foram extraídas. Uma longa e dolorosa enfermidade o havia levado "às portas do além", e aqui ele expressa, em linguagem comovente, alguns gemidos, suspiros e gritos que lhe angustiavam o coração durante o tempo em que temia não poder viver o restante de seus anos.

"Os meus olhos se cansavam de olhar para cima." Após a primeira leitura dessas palavras, meu coração sentiu inveja da experiência daquele pobre rei enfermo. O quê?! Olhar para Deus de forma tão constante e contínua a ponto de meus olhos se cansarem de olhar para o alto? Isso seria certamente uma dor agradável, um doce sofrimento, a mais rara e a mais abençoada conquista espiritual. Comigo é, lamento dizer, muito diferente; meus olhos quase sempre se cansam de olhar para dentro! A fonte do pecado interior sempre parece levantar-se das profundezas de minha natureza, transbordando nas margens do rio de minha vida, e meu olhar concentra-se com frequência na inundação escura em vez de elevar-se Àquele que lançou para trás de si todos os meus pecados.

Volto, porém, a examinar o texto com mais cuidado, e descubro que deveria ter sido entendido assim: "Os meus olhos se cansavam e não se erguiam". As duas palavras "de olhar" foram inseridas e não se encontram no original hebraico. O significado literal é: "Minhas pálpebras estavam descaídas, meus olhos estavam fracos demais para olhar para cima". Ah! Agora posso entender, e as palavras de Ezequias comovem minha alma. É como se ele tivesse dito (como eu costumo dizer com tanta frequência): "Estou totalmente fraco, Senhor; um peso de pecado, de tristeza e de enfermidade me oprime; desci a um nível tão baixo que não posso sequer erguer os olhos em Tua direção. Mas vem, senta-te à beira de meu leito, aproxima-te de mim, Senhor, para que eu não necessite olhar para cima, e sim fechar meus olhos cansados, pois é uma verdadeira bênção tu olhares para baixo com terna compaixão por mim e dizer: "Não tenha medo, porque estou com você".

"Responde tu por mim." Ó, o descanso abençoado de colocar tudo — o físico, a mente e o espírito — nas mãos de meu Pai, e deixar tudo ali! Quando a fé é capaz de fazer essa transferência com sinceridade, tudo vai bem com a alma, e sua paz é perfeita.

Deus não faz nada pela metade; se Ele responde pelo nosso caso, então:
Ele nos libertará de todo mal;
Ele apagará nossas transgressões por amor do Seu Nome;
Ele santificará nossa aflição para Sua glória;
Ele converterá nossa tristeza em alegria.

14

Os detalhes do dia a dia

*Sabes quando me assento e quando me levanto;
de longe penetras os meus pensamentos.*

SALMO 139:2

"*Sabes.*" Venha, minha alma, aqui está um teste para sua presente condição espiritual! Você se submeterá a ele? Haverá de querer ser pesada nessa balança do santuário para ver se foi ou não encontrada em falta? O fato de saber que o seu Senhor conhece todos os seus pensamentos, desejos e ações a deixa oprimida e envergonhada? Ou você está disposta a viver feliz sob um exame tão minucioso e até almejar os lampejos daqueles olhos que vasculham todo o seu ser?

Nada a não ser "plena certeza de fé" no precioso sangue derramado por você no Calvário poderá dar-lhe essa intrepidez. Você estará feliz, minha alma, se souber que Deus a observa através das feridas de Jesus em você — através daquelas maravilhosas janelas de rubi — e a vê tão transformada e tão bela que Ele pode dizer: "Você é toda formosa, minha amada, não há imperfeição em você!".

"Quando me assento e quando me levanto!" Senhor, tu me amas tanto a ponto de olhares ternamente para essas minhas questões tão pequenas? Como esse pensamento me conforta! Não me importo com os detalhes do dia a dia de pessoas estranhas; mas, quando amamos uma pessoa com muito fervor, então nos interessamos por tudo o que diz respeito a ela. Mesmo assim, meu Deus, essa busca, esse conhecimento, esse entendimento, essa compaixão, esse envolvimento, essa imposição de Tua mão sobre mim são as provas mais preciosas de Teu amor inefável!

Tal conhecimento me deixa muito vigilante e cautelosa! "Quando me assento e quando me levanto!" Minha vida no lar! Meus compromissos diários, tanto no trabalho quanto no lazer! Minha saída e minha chegada, minha conduta e minha responsabilidade em todas as circunstâncias! Tudo isso está reunido em torno dessas sete palavras! Senhor, ajuda-me a viver de modo digno de ti, para o Teu inteiro agrado!

"De longe penetras os meus pensamentos." Que conhecimento infinito! O salmista diz com sabedoria: "Tal conhecimento é maravilhoso demais para mim: é sobremodo elevado, não o posso atingir!".

Antes que eu pense, o Senhor conhece o meu pensamento! Ó minha alma, não são os seus pensamentos a fonte da maior parte de suas perplexidades e tristezas angustiantes? São comumente tão ingovernáveis e rebeldes, às vezes tão ímpios e profanos, que todos os seus esforços para os trazer cativos à lei de Cristo são inúteis!

Veja, então, onde você pode encontrar ajuda. O Deus que é capaz de entender seus pensamentos "de longe" tem o poder de reprimi-los; e mais, embora estejam distantes e não expressos, ele os purificará e os limpará, para que entrem em seu coração como sussurros de anjos e que de seus lábios só saiam palavras de amor e bênção.

Amado Mestre, faço minha a oração de Teu servo Davi: "Sonda-me, ó Deus, e conhece o meu coração, prova-me e conhece os meus pensamentos; vê se há em mim algum caminho mau e guia-me pelo caminho eterno" (SALMO 139:23,24).

15

O coração conturbado

*Não se turbe o vosso coração,
nem se atemorize.*

JOÃO 14:27

Dos lábios de quem saem estas ternas palavras: "como chuva que desce sobre a campina ceifada"? Do coração de quem parte tal conhecimento tão íntimo de minha necessidade e tal compaixão profunda por minha fraqueza, a ponto de ser capaz de suprir ambas com a graça de Seu amor extremo?

Não poderia ser outro a não ser o "próprio Jesus Cristo", meu misericordioso Senhor e Mestre, que fala dessa maneira, e farei bem em meditar em cada frase de grande poder ao ouvir Sua voz amorosa.

"Não se turbe o vosso coração." Amado Senhor, essas palavras Tuas, apesar de tão meigas, são uma ordem. São um mandamento e devem ser imediatamente obedecidas. Talvez eu jamais as tenha considerado assim, nunca tenha percebido que, ao carregar comigo um espírito conturbado, estou agindo em desobediência direta a Teu comando!

"Desvenda os meus olhos, para que eu contemple as maravilhas da tua lei." Diz-me estas palavras mais uma vez, amado Senhor! Fala "como quem tem autoridade" e, com Teu misericordioso mandamento, lança também o grande poder que me capacitará a cumpri-lo. Com que frequência eu tenho te entristecido com minha falta de confiança em Teu terno amor e cuidado! Com que frequência te espantaste com minha insensatez, querendo carregar os fardos que poderiam ter sido lançados a Teus pés!

"Não se turbe o vosso coração." Verdadeiramente, ouço um grave tom de repreensão e desapontamento misturado com a música dessas doces palavras vindas dos lábios de meu Senhor. Sim, é verdade, amado Mestre, porque, depois de tudo o que tens feito e dito, meu coração jamais deveria se inquietar. Não devo "permitir" que ele tenha medo. E, no entanto, com que frequência o medo sobrepuja os passos da jubilosa certeza! Com que frequência eu saio da luz de Tua presença e entro na sombra profunda lançada pela montanha de meu pecado!

Senhor, ajuda-me a raciocinar a respeito disso por alguns momentos ou, então, dizer para mim mesma: "Vinde, pois, e arrazoemos", porque então saberei que Teu infinito amor silenciará meus medos e acalmará a inquietude de minha alma para sempre.

Por que meu coração deveria ficar conturbado? Seria por causa da sensação opressiva do pecado e do demérito que às vezes ameaça esmagar toda a energia espiritual de minha vida? Então, eu só posso voltar-me de novo à "fonte da salvação" e lá ver todas as minhas iniquidades perdoadas, porque foram colocadas sobre Aquele que levou todos os pecados; todas as minhas culpas foram perdoadas, porque Ele sofreu em meu lugar. Posso ter um coração conturbado se Ele morreu para que eu pudesse ter paz por meio da fé? Posso eu confiar que tenho nele a salvação de minha alma e, mesmo assim, permitir-me duvidar que Ele realmente me salvou?

Por que meu coração deveria ficar conturbado? Seria por causa das coisas que vemos e são temporais, coisas que me angustiam? Dos cuidados desta vida, talvez da luta pelo pão diário ou, então, dos milhares de tormentos e decepções que são o quinhão de nossa pobre humanidade?

Volte para o seu amado Senhor, minha alma, e leve aos Seus pés tudo aquilo que a perturba e a angustia. Certamente você o ouvirá dizer: "Não se turbe o seu coração, nem se atemorize; eu conheço todas as suas tristezas e estou guiando e dirigindo tudo o que lhe diz respeito. É mais difícil confiar em meu amor durante as adversidades terrenas do que nas alegrias eternas?".

Por que meu coração deveria ficar conturbado e atemorizado? Não há nada na Terra ou no inferno que possa causar dano à alma que crê em Jesus. Todo medo é posto em fuga por Seu perfeito amor. Até o medo da morte — uma escravidão tão grande em algumas vidas — é levado embora quando "Deus nos dá a vitória por intermédio de nosso Senhor Jesus Cristo".

Bendito Senhor, ajuda-me a ser obediente ao Teu mandamento e a receber humildemente Tua repreensão bem merecida, glorificando-te doravante em minha vida diária com a fé tranquila, de que nada poderá perturbar ou atemorizar! A alma que confia em Jesus para repousar não deve jamais conhecer a perturbação ou o medo.

16

O poço no deserto

Não pareça aos seus olhos duro o despedi-lo forro.

DEUTERONÔMIO 15:18

Amado Senhor, deparei-me esta manhã com uma de Tuas fontes secretas de águas doces; um poço antigo e bem escondido no deserto, que Teu amor manteve coberto e oculto, por assim dizer, até que a minha grande necessidade levou-te a abrir meus olhos para encontrá-lo. Quão precioso me tem sido Teu pensamento, ó Senhor! Como são fortalecedoras e refrescantes essas "águas frias para o sedento", que fizeste brotar em lugar tão estranho!

Pensei que estivesse sofrendo muito, Senhor, nos procedimentos e disciplina que consideras necessários para mim. E, embora Tua graça me impeça de murmurar e reclamar abertamente, meu ser interior clama sem parar: "É difícil, Senhor, é muito difícil!".

Agora, porém, dizes: "Não, minha filha, não tem de ser difícil para você. Sua confiança em mim deve ser tão perfeita, sua fé em meu amor deve ser tão forte, sua obediência à minha vontade, tão completa, que nada do que eu ordeno deve parecer angustiante, nenhuma provação que envio deve deixá-la assustada ou oprimida. Não tenho sempre estado 'bem presente nas tribulações?'".

Senhor, meu coração diz: "Amém!" às Tuas palavras misericordiosas e confia que colocarás toda essa obediência amorosa em mim, pelo Teu grandioso poder.

"Não pareça aos seus olhos duro." A provação peculiar que eu porventura atravesse agora é exatamente aquilo que não deveria me parecer difícil. O arco de Deus não é entesado ao acaso; Ele não comete nenhum erro, seja ao contar o número de estrelas ou ao impor-me os sofrimentos que me ensinarão a glorificá-lo. E, querida leitora, se você achar conforto nas palavras que tanto me confortaram, então precisa olhar para seus problemas atuais, sejam quais forem, e dizer: "Senhor, isto não me parecerá duro, porque tenho recebido muita generosidade e bênção de ti. Tenho conhecido tanto de Tua compaixão e de Teu amor perdoador que não me atrevo a desconfiar de ti ou questionar por um momento a sabedoria divina de Tuas ações para comigo!".

Ah! Nossos olhos estão tão embaçados pelas neblinas e sombras da Terra que não podemos ver com clareza suficiente para distinguir o bem do mal; e, se deixarmos por nossa conta, poderemos aceitar a maldição em lugar da bênção. Pobres e cegas mortais somos nós — é bom demais que nosso Mestre possa escolher nossas provações porque, apesar de nossa visão imperfeita, Ele parece às vezes ter-nos destinado algo difícil.

O mal que Deus abençoa é um bem para nós,
E o bem não abençoado para nós é um mal
Tudo está certo mesmo que pareça errado
Se for essa a Sua doce vontade celestial.

Sim, é na submissão absoluta e amorosa à vontade do Senhor que encontramos o segredo da paz e do descanso verdadeiros. Essa é a química divina que transforma as tristezas deste mundo em bênçãos Celestiais!

Aqui está...
o antídoto para toda aflição,
a cura total de toda ansiedade,
o remédio infalível para toda a inquietação.

Amado Senhor, se sou Tua filha que confia em ti, te ama e obedece a ti, como pode me parecer "dura" a Tua vontade? Não, ao contrário, eu devo cumpri-la e acolhê-la com alegria, sabendo muito bem que Teu amor por mim poderia somente enviar uma mensagem de paz, por mais escuro que seja o papel que a envolve.

Esse conforto não pode aplicar-se aos problemas que criamos para nós, e que às vezes se apresentam como aflições espirituais quando, na verdade, são pecados egoístas. Essa não é a vontade de Deus para nós, mas de nosso próprio modo perverso, e não trazem nada, apenas amargura e lágrimas!

Mas um fardo ou sofrimento dado por Deus, carregado no brilho de Seu amor e depositado a Seus pés abençoados, perde imediatamente sua "dureza" e transforma-se em bênção pela qual nossa alma louva ao Senhor com terno agradecimento.

"Não pareça aos seus olhos duro." Ah, amado Mestre, Teu coração amoroso deve sofrer grandemente quando nós, Tuas filhas redimidas, consideramos duros ou severos os tratamentos que recebemos de ti. Tu nos amas desde a eternidade, não poupaste Teu próprio Filho quando foi exigido um resgate para nossa alma, tu nos conduzes, nos alimentas e cuidas de nós durante a vida inteira. Como podemos ser tão perversos e ingratos a ponto de achar "dura" qualquer coisa que Tua sabedoria e amor ordenam?

"Não pareça aos seus olhos duro." Desde que esse texto borbulhou das páginas da Palavra de Deus, como "um ribeiro no caminho", tenho bebido de suas águas com grande alegria; e quando um dissabor, grande ou pequeno, me oprime a alma e faz meu coração fraquejar dentro de mim, tomo outro gole das águas doces dessa fonte e logo estou pronta a dizer: "Isto não é mais difícil, Senhor, porque tenho pleno conforto e grande é a alegria em toda a minha tribulação!".

17

Entre as fornalhas

*Tudo o que pode suportar o fogo fareis passar pelo fogo,
para que fique limpo.*
NÚMEROS 31:23

Não é esse o Teu caminho até hoje, ó Senhor? A Lei antiga nunca foi revogada; este "estatuto da lei que o Senhor ordenou a Moisés" continua em vigor em um sentido espiritual para Seu próprio Israel espiritual. Seu espólio que Ele tomou dos poderosos, os despojos preciosos que ajuntou de todas as nações precisam ser limpos e purificados antes de estar em condições apropriadas para Seu uso. E assim acontece, porque tudo o que pode suportar o fogo passará por ele.

Aqui, certamente, há pensamentos reconfortantes para as almas atribuladas e aflitas. "Amados, não se surpreendam com o fogo que surge entre vocês para os provar, como se algo estranho lhes tivesse acontecendo." Foi assim no passado, e o cumprimento do mandamento continua a ser imprescindível.

Se somos o ouro de Deus, precisamos estar sujeitos a uma constante purificação pelo fogo. Se Ele diz que somos Sua prata, seremos refinados repetidas vezes, para que nossas impurezas sejam expurgadas, e para que tudo o que é verdadeiro e precioso possa resplandecer com o brilho renovado de Sua glória.

Não é a separação, propriamente dita, das impurezas originais do metal fundido que está sendo referida aqui, mas a purificação necessária de vasos antigos e tesouros formosos, que foram contaminados ou sofreram alguma desonra. Ai de nós! A parte mais profunda de nosso coração nos diz que é extremamente necessário que "qual seja a obra de cada um o próprio fogo o provará".

Agora, porém, amado Senhor, ajuda-me a aplicar essa Tua Lei aos meus bens mais valiosos. Permite-me ver quais deles deverão "suportar o fogo". Minha "boa esperança, pela graça" resistirá ao passar por tal provação? Será que toda minha "alegria e paz, por meio da fé" [N.E.: ROMANOS 15:13 NTLH.] se desintegrarão no calor intenso da tribulação? Poderá o "forte alento", que Deus me concede, desaparecer como vapor quando a chama da aflição o tocar? Ou, se devo perder meus melhores e mais queridos tesouros, a fornalha ardente da aflição queimará toda a minha força e bem-estar? Que o Senhor não o permita!

A verdadeira obra da graça no coração humano pode suportar o fogo de qualquer provação ao qual o Senhor a queira expor. Poderemos cantar Seu amor quando o calor for muito intenso e glorificá-lo ao provar que a promessa é verdadeira: "Quando passares pelas águas, eu serei contigo; quando, pelos rios, eles não te submergirão; quando passares pelo fogo, não te queimarás, nem a chama arderá em ti. Porque eu sou o SENHOR, teu Deus, o Santo de Israel, o teu Salvador!" (ISAÍAS 43:2,3).

É por isso que o mandamento é ouvido com tanta frequência e estremece o coração e a vida: "Fareis passar pelo fogo!".

Pelo fato de nossa fé ser tão preciosa, de nosso amor ser tão excelente e de nossa esperança ser tão animadora é que eles precisam estar sempre sujeitos ao fogo do Refinador. Será que a carne se encolhe algumas vezes diante de um refinamento como esse? Sim, sem dúvida; "o espírito, na verdade, está pronto, mas a carne é fraca!". No entanto, não devemos temer; o propósito de nosso grande Refinador é nos disciplinar — não nos destruir. Ele faz os lamentos da fornalha se transforarem em notas vitais de uma nova e eterna canção; e Seu "ouro apurado por fogo" redundará "em louvor, glória e honra na revelação de Jesus Cristo".

Amado Pai, que motivo abençoado é esse para rendermos glória também nas tribulações, porque, dessa forma, somos aperfeiçoados para Tua obra e Tua vontade. Embora o fogo seja quente e o processo seja doloroso, será que não podemos ver Teus olhos nos observando com ternura e ouvir Tua doce voz dizer: "Não temas, porque eu sou contigo"? E será que Tua presença não nos dá "plenitude de alegria" em qualquer lugar, mesmo na fornalha? Suportar o fogo é a prova verdadeira de que passaremos por ele e, por fim, emergiremos à Tua semelhança.

Tu não refinas, sondas e provas aquilo que é espúrio e sem valor; mas, tendo visto o brilho do ouro que é Teu, apesar das impurezas que nos deformam, tu aguardas pacientemente e aperfeiçoas "o que a mim me concerne".

"Para que fique limpo!" Ó gloriosa promessa! Não seremos expostos ao calor da fornalha por nenhum minuto a mais do que o necessário. Mas, somente quando tudo o que é desprezível for consumido, é que sairemos alvos e brilhantes.

Amado Senhor, não podemos amar o fogo, mas louvamos-te pela ação do fogo em nós. Pela Tua graça, preferimos sentir o bafo quente da chama purificadora que destrói nossa ferrugem e detritos a desonrar nosso Senhor e Mestre com uma vida manchada e corroída.

18

Tempos de tribulação, a prova do amor

Não temais; Deus veio para vos provar.

ÊXODO 20:20

Não foi em meio a trovões e trevas, fogo e fumaça do monte Sinai que essas palavras chegaram ao meu coração esta manhã. Elas foram murmuradas por um "cicio tranquilo e suave" na quietude de meu quarto, e trouxeram coragem e conforto em um tempo de dolorosas necessidades e depressão.

"Não temais!" Essa foi a meiga mensagem; e o motivo para confiança foi dado: "Deus veio para vos provar!". O fato abençoado de Sua presença mudou a aparência de tudo aquilo que parecia estar contra mim. A provação não desapareceu, mas meus olhos foram abertos para ver que, se veio da mão do meu Deus, ela deve trazer uma bênção. Minha alma meditou na doce certeza e ali encontrou a calma do Céu após as tempestades e lutas deste mundo.

Sejam quais forem as circunstâncias angustiantes nas quais me encontro, ou a injustiça de outras pessoas que eu esteja sofrendo, se meu Deus diz: "Não temais!", certamente devo ser corajosa e forte. Se fôssemos capazes de cravar em nosso coração a verdade de que a mão do Senhor está em tudo o que acontece conosco, encontraríamos um bálsamo para todos os nossos infortúnios e um remédio para todas as nossas enfermidades. Quando os amigos falham conosco e se tornam frios, quando os inimigos triunfam e sua confiança aumenta, quando o caminho suave que estamos atravessando se torna repentinamente acidentado, pedregoso e íngreme, temos a grande capacidade de olhar de esguelha para as causas secundárias e esquecer que nosso Deus...

previu cada provação;
permitiu cada aborrecimento, e
autorizou cada item de disciplina
— com esse propósito determinado!

"O SENHOR, vosso Deus, vos prova, para saber se amais o SENHOR, vosso Deus, de todo o vosso coração e de toda a vossa alma" (DEUTERONÔMIO 13:3). Ó meu coração, qual é sua resposta a esse mandamento? Você não o ama o suficiente para suportar qualquer tribulação a fim de provar isso?

Lembro-me de um dia ter lido palavras neste sentido — que no momento da chegada de qualquer provação ou dificuldade, nosso primeiro pensamento não deveria ser: "Tudo passará rapidamente, ou o que podemos fazer para sofrer menos?". Nosso primeiro pensamento deveria ser: "Como podemos glorificar a

Deus da melhor forma possível e aprender rapidamente a lição que Ele deseja nos ensinar?". Se tivéssemos graça e fé suficientes para fazer isso, nossas provações e sofrimentos não passariam de um passo atrás do outro para subirmos ao topo da montanha da contínua comunhão e paz com Deus. A alma que aprende o segredo abençoado de ver a mão de Deus em tudo o que lhe diz respeito não pode ser vítima do medo. Ela olha além de todas as causas secundárias — direto para o coração e vontade de Deus — e descansa contente, porque seu Pai cheio de amor, onisciente e Celestial está no comando!

"Deus veio para vos provar." Minha alma, pense na magnitude do amor de Deus por você; pense que Ele se inclina para buscar a obediência e a devoção de seu coração! Pense no Deus Infinito, seu Redentor — almejando, desejando, ansiando ter a garantia de sua suprema afeição! Conforme Ele mesmo disse pela boca de Seu servo Moisés: "Recordar-te-ás de todo o caminho pelo qual o Senhor, teu Deus, te guiou [...], para te humilhar, para te provar, para saber o que estava no teu coração, se guardarias ou não os seus mandamentos".

Que grandes sofrimentos Ele carregou por você! E quão paciente Ele foi com você! Cada provação foi um teste, cada sofrimento teve um propósito. E será que você ainda está resistindo a entregar totalmente a Ele o coração e a vida que Seu amor divino ordena? Será que você ainda está demorando e hesitando na fronteira da indiferença, em vez de deixar tudo alegremente para segui-lo?

Não, Senhor, não demorará tanto tempo assim! Ajuda-me a dar-te neste momento, neste instante e ansiosamente, a prova de meu amor que Tu procuras, na entrega total de meu coração a toda a Tua vontade — e a inteira consagração do corpo, alma e espírito a Teu serviço! Então, todo jugo se tornará fácil, e todo fardo será leve, porque eu os carregarei sob a firme convicção de que meu gracioso Senhor os colocou sobre mim e está apenas testando a força do amor e da graça que Ele mesmo concedeu!

19

Sarças e murtas

*Em lugar do espinheiro, crescerá o cipreste,
e em lugar da sarça crescerá a murta; e será isto glória
para o Senhor e memorial eterno, que jamais
será extinto.* ISAÍAS 55:13

Meu bendito Senhor, quão meigo e compassivo és para mim! Que alegria é falar de Tua misericórdia e graça derramadas sobre uma pessoa tão indigna! No entanto, não se trata de uma história singular, porque essa é Tua maneira doce e comum, amado Senhor, com todos os que põem a confiança em ti. Quando a depressão e a tristeza se abaterem sobre mim, por causa do pecado interior ou do desânimo exterior; quando os espinheiros, as sarças da vida cotidiana e os tormentos perfurarem e lacerarem os pés e mãos do peregrino cansado, então tu mudarás meus passos em direção ao lugar onde crescem os ciprestes e as murtas de Tuas amorosas misericórdias e, no abrigo e fragrância deles, meu espírito conturbado encontrará descanso.

Não! Mais que isso, amado Senhor, Teu poder é tão grande que às vezes transformas as próprias coisas que me machucam e me entristecem em meios de graça e bênção para meu coração e minha vida!

Decepções em meu trabalho,
obstáculos para executá-lo,
distanciamento de amigos,
incompetência e fraquezas conscientes, e
uma frequente sensação esmagadora de
responsabilidade cada vez maior.

Todas essas experiências são como espinheiros e sarças, que irritam e afligem por causa de seu contato próximo e persistente! No entanto, eles desaparecem quando tu, meu gracioso Deus, concedes a palavra — e admiro-me de estar andando em paz entre os ciprestes, onde as folhas formam uma camada grossa sobre o solo, estendendo um tapete de extrema maciez sob meus pés cansados; e onde os botões da murta, cobertos de neve, e as folhas brilhantes deixam promessa de perfume e doçura mesmo àqueles que os ferem.

Teus caminhos, ó Senhor, são inescrutáveis, mas são muito graciosos e meigos. E a transformação do mal aparente em bem, a transformação das provações de Teus filhos em triunfos e dos planos deles em deleite são provas maravilhosas de Tua compaixão e Teu poder!

"E será isto glória para o Senhor." Meu Pai, isso pode ser verdade? O Teu nome grandioso recebe mais glória quando manifestas Tua soberania em meu favor? Será que, quando eu chegar perto do próximo espinheiro em meu caminho, ele te honrará se, em vez de tentar atravessá-lo à força e ferir meus pés ou tentar evitá-lo desviando-me do caminho e entrando no matagal, eu apenas me sentar calmamente diante dele, orar e esperar que Tu o destruas ou o transformes em um bosque de murtas? Sim, creio que ele te honrará, e buscarei fé e graça em ti para realizar constantemente esse ato que, de outro modo, seria impossível. As misericórdias e as libertações do passado deveriam fortalecer-me para esperar manifestações ainda mais grandiosas de Teu maravilhoso amor.

Amado Senhor, quando as adversidades surgirem, quero aprender a olhar para elas como caminhos e meios de glorificar-te, aceitá-las como testes e provações de minha fé e ir ao encontro delas com coragem no coração esperando Tua indubitável libertação! Se meu caminho fosse sempre suave e agradável, sem nenhum espinheiro ou sarça para me causar sofrimento, não haveria oportunidade alguma para exerceres gloriosamente o Teu amor e misericórdia ao me libertares deles. Coragem, minha alma! O seu Deus lhe dará graça para repetir as palavras de Seu servo Paulo: "De boa vontade, pois, mais me gloriarei nas fraquezas, para que sobre mim repouse o poder de Cristo".

20

A cura para o descontentamento

*Os meus lábios estão cheios do teu louvor
e da tua glória continuamente.*

SALMO 71:8

Senhor, que este clamor do meu coração nesta manhã chegue aos Teus ouvidos atentos! Os lábios, a língua e a boca estão todos vazios nesta hora calma e silenciosa, e venho suplicar-te que os purifiques e os consagres para ti e para o Teu serviço, de modo que eles possam estar cheios "continuamente" da doçura de Teu amor e, graças a essa plenitude abençoada, sejam capazes de "proclamar Tua salvação".

É muito comum, ó meu Mestre, minha boca estar cheia do amargor das fontes poluídas da Terra; mas agora, meu maior desejo é que dela somente as correntes de águas brilhantes de amor, louvor e agradecimento fluam a ti. Como é raro a terna graça da devoção na alvorada atravessar as horas agitadas do dia! Essa graça se vai como o orvalho na grama quando o Sol incide sobre ela ou como a nuvem macia desaparece quando o vento ocidental sopra. Por que, amado Senhor, a Terra e as coisas terrenas têm tal poder para afastar meus pensamentos e meu coração daquilo que não posso ver em vez de atraí-los para as realidades eternas tão próximas e tão preciosas para mim quando estou a sós contigo? Ensinar-me-ás o abençoado segredo de descansar "à sombra do Onipotente"?

"Meus lábios." Esse é um assunto nitidamente pessoal, com o qual eu deveria estar muito preocupada. "Todas as tuas obras te renderão graças, SENHOR; e os teus santos te bendirão." Mas, se todas as criaturas e toda a criação permanecerem em silêncio, esta minha língua terá o dever de falar da Tua benignidade e da Tua terna misericórdia, porque Ele "me pôs nos lábios um novo cântico, um hino de louvor ao nosso Deus".

"Cheios do teu louvor." Abundando em ações de graça! Transbordando de grato amor! Tão cheio de alegria e júbilo que "a minha língua celebrará a tua justiça todo o dia". É assim que deveria ser; mas, infelizmente, Senhor, não é assim que tenho te glorificado. É mais comum meu coração estar angustiado do que feliz; as súplicas saem com mais frequência de minha boca do que o louvor; palavras ásperas e precipitadas escapam dos lábios que deveriam "destilar mel". E a glória devida ao Teu Nome torna-se menos importante do que as necessidades fugazes de meu coração pecaminoso e egoísta. Ó Senhor Jesus Cristo, quão grande é Teu perdão e quão grande é Tua compaixão! Quão longe estou de ser semelhante a ti!

Um servo rude não é motivo de glória para o seu senhor; um convidado ingrato não traz alegria a uma casa; e um cristão desgostoso é uma anomalia no universo de Deus! Senhor, ajuda-me a cultivar a alegria, ensina-me a valorizar cada ocasião de receber misericórdia de ti; portanto, enche minha boca de louvor e agradecimento, de modo que não haja nenhum espaço para outra coisa que não seja o que há de melhor e mais precioso! De acordo com Tua amada promessa, posso suplicar quando faço esse pedido, porque disseste: "Abre bem a boca, e ta encherei". Assim como os passarinhos famintos clamam no ninho pelo alimento de que necessitam, mas não podem consegui-lo sozinhos, todas as emoções de minha alma anseiam por ser alimentadas por ti com poder para proclamar o Teu louvor.

Ah, Senhor! Não há falta de material para agradecimento, nem escassez de causas para gratidão. Há montanhas de misericórdias, oceanos de amor extremo e imensos depósitos de graça para louvar-te! Estou cercada, abarrotada, coberta e inundada de bênçãos incontáveis — e devo todas a ti, meu Deus. Se pudesse louvar-te sem cessar durante toda a minha vida terrena, e depois por toda a eternidade, eu jamais conseguiria começar a pagar minha dívida de amor. Se cada palavra que eu dissesse, cada ato que realizasse e cada desejo de minha alma fossem "no teu nome e na tua memória", esta seria a menor das homenagens, a mais incompleta devoção que tenho o dever de te prestar.

"Cheios da tua glória." Senhor, será que Tua glória é assim confiada aos lábios de Teu povo que crê em ti? Tu vês de onde sai a proclamação de Tua perfeita justiça e Tua gloriosa graça? É assim que vens buscar "o fruto de lábios que confessam o seu nome"? Com que frequência, então, nós te decepcionamos e te desonramos, ó Senhor! Envergonhada, curvo a cabeça diante de ti quando penso nas muitas vezes em que Tu vês esta minha língua silenciar-se por culpa ou ser mal-agradecida e dizer palavras esmorecidas, quando dela deveriam brotar salmos jubilosos de louvor e as mais doces canções de agradecimento. Mas, agora, peço que mudes tudo isso em mim, amado Mestre, e que meus lábios estejam "cheios do teu louvor e da tua glória continuamente".

Desde a manhã ao anoitecer, que o principal pensamento de minha vida seja este: como glorificarei meu Deus "louvando Seu Nome". Durante cada momento de cada hora de cada dia, que a consciência de que sou Tua e de que tu me amas agite meu espírito à constante melodia de gratidão sincera. Disseste: "O que me oferece sacrifício de ações de graças, esse me glorificará", e eu respondo jubilosamente: "Sim, Senhor, meus lábios se alegrarão grandemente quando eu cantar para ti, e Teu louvor estará continuamente em minha boca".

21

Os grilhões da falta de fé

Por que motivo não pudemos expulsá-lo? E [Jesus] lhes respondeu: Por causa da pequenez da vossa fé.
MATEUS 17:19,20

Amado Senhor, eis aqui outra pobre e combalida discípula apresentando-se perante ti com a mesma pergunta dolorosa! Tenho procurado viver para ti e trabalhar para ti com o propósito sincero de esforçar-me para abençoar os outros em Teu nome. No entanto, quão notórios meus fracassos têm sido na maioria das vezes!

Senhor, por que não sou capaz de sempre vencer o pecado que me assedia com tanta facilidade? Por que não sou capaz de refrear minha língua ferina e de reprimir os violentos ataques de fúria em meu coração? Por que não sou capaz de andar tão perto de ti, de modo que minha vida inteira esteja debaixo de

Teu meigo controle, de modo que cada pensamento, cada ação e cada palavra sejam santificados por Teu consentimento e aprovação? Por que não tenho o poder de influenciar e atrair outras pessoas para se ajoelharem aos Teus amados pés, a fim de que encontrem em ti como eu encontrei, "socorro bem presente nas tribulações"?

Senhor, sei que responderás a mim da mesma forma que respondeste aos Teus primeiros discípulos. Com pesar e tristeza dizes: "Por causa da pequenez da vossa fé".

Que lição de humildade essa revelação nos dá! Minha alma, não faz muito tempo que você tocou os alegres sinos da fé triunfantemente! Será que sua mão direita já perdeu a habilidade? Será que a pessoa ímpia e perversa, que ainda habita em você, interrompeu a música gloriosa que sua fé estava compondo? Satanás tem escarnecido de você por causa de sua indignidade. Mas você acha que seu demérito pode impedir a mão de abençoar — a mão que "deu o seu Filho unigênito" — ou desfazer a aliança da graça da qual Ele se tornou "Fiador" nos tempos antigos? Senhor, também é verdade que minha fé está frequentemente presa pelos grilhões da incredulidade e com as asas podadas, de modo que ela só consegue fazer uma tentativa dolorida de voar em direção ao Céu. Sei que essa é a causa secreta de muitas orações não respondidas, de muitos fracassos no serviço e na vida santificada.

Agora eu me apresento diante de ti com cada partícula do meu ser necessitando tanto de cura espiritual quanto o jovem possesso necessitava ser liberto do espírito demoníaco. Lança fora todo mal, Senhor, e manifesta em mim "a suprema grandeza do [Teu] poder para com os que [creem]". És o Autor e

Consumador da fé; reveste-me totalmente com essa graça viva, expulsa todas as dúvidas e desconfianças de meu coração, para que essa fé possa sempre alegrar-se, sempre vencer, sempre glorificar-te! "Senhor, eu creio! Ajuda-me na minha falta de fé!"

22

O monte da confiança perfeita

Eu, porém, olharei para o SENHOR e esperarei no Deus da minha salvação; o meu Deus me ouvirá.

MIQUEIAS 7:7

Os sofrimentos que dilaceram o coração são, em geral, precursores de extraordinária bênção espiritual. É preciso haver um vagalhão de angústia que lance alguns de nós em total desespero à praia segura e protetora da confiança completa em Deus. Foi a grande e estressante familiaridade com a vergonha e com a tristeza do mundo que fez brotar na boca do profeta do Senhor a declaração exaltada desse texto bíblico — e quase sempre nós temos de trazer à memória a bem-aventurança de nos voltarmos para Deus e confiarmos nele — pela dor lancinante de descobrir que somente Ele é o Amigo confiável e constante.

Venha, meu coração! Deus pôs diante de você esta manhã uma lição para ser repetida, uma lição que lhe tem sido útil em muitas ocasiões de sofrimento! A repetição dela o ajudará a memorizá-la, porque você não é capaz de lembrar-se sempre da benignidade do Senhor e dos muitos livramentos que Ele usou para forjar você.

Ao ler os seis primeiros versículos deste capítulo, vemos, em cada um deles, um "porque" para o "porém" que prossegue no versículo sete. As incontáveis adversidades e infortúnios estão delineados aqui pelo profeta. Ele descobriu a infidelidade dos amigos, suportou a hostilidade impiedosa dos inimigos. Rixas e partidarismos, subornos e traições, crimes e crueldades o envolveram; até os laços humanos mais íntimos foram retorcidos. Ele está sozinho, desolado e desanimado — a alma desfalece dentro dele. Mas, diante desse sofrimento, não, na verdade por causa dele, o profeta lembra-se do Senhor, e um olhar para o alto em direção a Ele lhe traz alívio imediato e seguro. O auge de sua condição obrigou-o a correr para o único Refúgio, e a própria amargura de sua angústia sugeriu o doce refrigério de descanso no amor imutável de Deus.

Pai amado, quantas vezes nós, Teus filhos, vivenciamos de modo tão claro a experiência descrita por Miqueias! Grandes tempestades de sofrimento abatem-se sobre nós. Vemos todas as nossas esperanças mais queridas naufragarem e sofremos o abandono de muitos amigos, mas, ao alcançarmos essa rocha do "porém", somos capazes de permanecer em pé em seu ponto mais alto, com o rosto erguido, sem nos importarmos com as ondas bravias abaixo, e com toda a nossa esperança e expectativa concentradas somente em Deus. O ensinamento e a disciplina da vida são bênçãos verdadeiras para nós quando as tribulações terrenas servem para nos aproximar mais de nosso Pai celestial, e a triste inconstância do ser humano nos revela, de modo mais distinto, a imutabilidade daquele que nos amou desde a eternidade.

"Eu, porém, olharei para o Senhor." Os olhos e o coração estão padecendo intensamente de dor diante do pecado, do egoísmo e da tristeza que estão dentro de mim e à minha volta; mas ajuda-me, Senhor amado, a olhar para o alto; capacita-me a elevar "os olhos para os montes, de onde me virá o socorro". Assim como os viajantes nas imensas montanhas evitam olhar para os despenhadeiros e mantêm os olhos fixos nas alturas para não sentirem uma súbita vertigem, que eu também possa olhar para o Senhor com humildade e firmeza e receber coragem e força a fim de seguir para a frente e para o alto, no caminho que Ele planejou para mim!

"E esperarei no Deus da minha salvação." Embora ferida e exausta pela aspereza do caminho, finalmente cheguei a um abrigo seguro e a um lugar de descanso, onde posso aguardar até que meu Senhor se revele a mim como meu Libertador.

Quão abençoada sou por saber que Aquele que é tão grandioso em poder e amor me protege e me dirige os passos. Para mim, Ele não é apenas "Deus", mas "o Deus da minha salvação!". Ele tem um interesse mais terno e pessoal por mim do que pelos anjos do Céu, porque sou aquela maravilha das maravilhas, uma pecadora salva pela graça, uma alma redimida para Deus por Seu mais precioso sangue!

Por Ele esperarei, confiante e esperançosa. Alguém disse há pouco tempo: "Sei que Ele cuida de mim, mas o que Ele julga ser melhor para mim, isso eu não sei". Posso deixar tudo com Ele e esperar a revelação de Sua vontade e propósito concernentes a mim.

Esperar no Senhor é frequentemente o modo mais seguro de progresso na vida Divina; e permanecer em silêncio diante dele é, com frequência, a mais contumaz das petições.

"O meu Deus me ouvirá!" É claro que Ele ouvirá; jamais duvidaremos disso. Essa é a linguagem da plena certeza, o idioma dos que habitam no monte da Confiança Perfeita. São palavras que trazem benefícios àqueles que olham para o Deus de sua salvação e esperam nele.

Querida leitora, você usa bem e com frequência essa linguagem?

22

Aguardando à porta

*Aguardo o S<small>ENHOR</small>, a minha alma o aguarda; e
u espero na sua palavra.*
SALMO 130:5

Sou uma indigente à porta do palácio, uma pedinte à porta de um Rei, mas com esta encantadora diferença dos mendigos comuns: o Senhor do palácio é meu Amigo pessoal, e, embora neste momento eu esteja aguardando do lado de fora, possuo um convite para entrar e sei que a porta se abrirá totalmente para mim um dia. Não, mais que isso, se eu contar tudo o que se passa em meu coração: Aguardo todos os dias que o Rei apareça pessoalmente, convide-me a entrar e me receba em Sua presença como Sua filha.

Bem, minha alma, essa é com certeza uma condição abençoada de favor e privilégio! Você tem condições de aguardar pacientemente uma esperança tão gloriosa quanto essa. Você sabe que esperar é muito melhor que andar sem rumo, e que as mãos erguidas em silêncio rogam com mais eloquência do que uma enxurrada de palavras. Mantenha sua postura de espera, de súplica; e se você ainda não foi convidada a entrar, isso deve ser motivo de alegria suficiente para aguardar e observar o tempo e a vontade dele e prever a glória futura que você compartilhará, segundo Ele prometeu.

Pelo que você diz estar esperando? Por esmola? Acesso? Acolhimento? Você terá o primeiro agora mesmo, pois Sua generosidade a alcança enquanto você permanece todos os dias diante de Seus portões; e as melhores bênçãos tornam-se asseguradas quando Ele aperfeiçoa aquilo que lhe diz respeito, pois então você conhecerá, com feliz surpresa, o que Ele preparou "para aquele que nele espera".

Nesse ínterim, será que você não teve alguns vislumbres extraordinários de seu Amigo glorioso através das treliças? Será que não houve ocasiões nas quais você captou os suaves tons de Sua voz quando Ele disse: "Voltarei e vos receberei para mim mesmo"?

"Aguardo no Senhor." Mestre bendito, eu te agradeço por meus tempos de espera. São tempos de amor e graça, e eles me atraem para mais perto, para mais junto dos Teus pés, e com mais urgência. Tuas "demoras não significam negação". Teus adiamentos asseguram um suprimento mais abundante. Quando pareces tardio em responder à oração, é para deixar-me mais ansiosa por Tua misericórdia ou para ensinar-me a pedir com mais confiança ou, então, para ajuntares Tuas bênçãos e concedê-las "infinitamente mais do que tudo quanto pedimos ou pensamos".

"A minha alma o aguarda." Ah, Senhor! Que bênção especial de doce contentamento encontro enquanto aguardo diante de ti, quando enches meu coração de amor e agradecimento em forma de adoração, quando estou em silêncio porque não há necessidade de palavras entre ti e minha alma errante, quando me prostro com o rosto em terra diante de Teu amor e favor, ainda que seja, por Cristo Jesus, elevada aos lugares celestiais — e dessa forma aguardo, observo e adoro! Essa é a espera em ti que renova a força de minha vida espiritual. Essa é a espera que nunca se cansa, a expectativa que nunca decepciona, a "esperança que não confunde". Ó, que maravilha ser encontrada assim esperando por Deus e em Deus "até que Ele venha!".

"Eu espero na sua palavra." O que significa a "palavra" do Senhor para você nesta manhã, minha alma? Você já ajuntou seu maná diário e provou sua doçura? Há uma camada grossa de alimento celestial ao seu redor, porque o Senhor polvilhou as páginas de Sua Palavra com promessas de bênçãos àqueles que esperam por Ele. E lembre-se: Sua palavra, por mais diminuta que seja, permanece firme e segura; nunca será insuficiente para você. Portanto, minha alma, cuide para ter uma promessa sob você, porque, então, sua espera será um descanso, e um firme apoio para sua esperança lhe dará confiança naquele sobre quem foi dito: "Dos que em ti esperam, ninguém será envergonhado".

23

Plena submissão

Eu sou teu, e tudo o que tenho.

1 REIS 20:4

Nesta manhã, na tábua de meu coração, há uma aliança, aquela que eu gostaria de renovar contigo alegremente, e pela qual oro para que coloques Teu selo e assinatura. Ó meu Senhor, aproxima-te de mim, eu te imploro; olha para baixo com Teu grande amor por mim enquanto escrevo estas palavras solenes: "Eu sou tua, e tudo o que tenho", e permite que minha alma ouça Tua meiga resposta: "Chamei-te pelo teu nome, tu és minha!".

Não há nada na Terra, ó Senhor, tu o sabes, que eu queira mais do que ser totalmente submissa a ti e a Teu serviço. Quero a bênção espiritual mais plena que consideras adequada para me conceder; e, para receber essa bênção, entrego com alegria meu corpo, alma e espírito — e tudo o que possuo — em Tuas mãos amorosas, para que reines sobre mim e governes dentro de mim como meu Rei e Mestre absoluto.

Perguntas-me se levei em conta o preço? Sim, Senhor, significa que "estou crucificada com Cristo; logo, já não sou eu quem vive, mas Cristo vive em mim; e esse viver que, agora, tenho na carne, vivo pela fé no Filho de Deus, que me amou e a si mesmo se entregou por mim". Esse é o preço, mas Tua graça é suficiente para pagá-lo e encher o coração de Tua filha de alegria inefável ao pensar que ela não pertence a si mesma, mas foi "comprada por preço".

"Eu sou teu." Quem tem tanto direito sobre mim quanto tu? Criada por ti, tenho a necessidade de pertencer a quem me criou. Preservada diariamente por ti, a vida que sustentas deve ser consagrada a Teu serviço. Mas o vínculo mais próximo de todos é que Tu me amaste, redimiste-me da morte, compraste-me com o preço de Teu próprio sangue e, assim, me ligaste a ti para sempre! Ó amor, maravilhoso e divino, por que fizeste tudo isso por alguém tão indigno e sem amor? Esse é apenas outro exemplo de: "Sim, ó Pai, porque assim foi do teu agrado" e, uma vez que foi do Teu agrado ser assim tão gracioso e tornaste possível que eu dissesse: "Sou tua", é preciso que eu acrescente naturalmente as palavras "e tudo o que tenho", deixando todos os meus bens materiais e poder aos Teus amados pés, pois tudo o que possuo, Senhor, de bom ou excelente, não foi um presente Teu para mim?

Oro para que concedas que minha submissão seja verdadeira, prática e completa; não apenas em palavras, mas em ações e verdade; não simplesmente uma submissão espiritual que poderia ser considerada fácil e agradável, mas aquela negação constante do "eu" e de suas argumentações, aquele ato de esmurrar o corpo e levá-lo a render-se, o que considero muito difícil de conseguir.

Se me deste apenas um talento, que ele seja usado para trazer o maior benefício possível de glória a ti! Meu tempo não pode ser desperdiçado a esmo ou simplesmente usado para satisfação própria, mas cada hora deve exibir em suas asas, que voam rapidamente, o testemunho de algo que foi dito, feito ou pensado a Teu respeito, meu Mestre, ou a Teu serviço. Todo o meu dinheiro pertence a ti, e cada moeda deve ser gasta diante de ti e com Tua aprovação. Oro para que me capacites, nessa questão, a prestar contas corretamente de minha mordomia. Livra-me do mal de considerar o dinheiro como um presente, de usá-lo de acordo com minha vontade e prazer em vez de recebê-lo de ti como um empréstimo ou custódia sagrados. Que ele seja investido somente para Tua glória. Seja pouco ou muito aquilo que me concederes, ajuda-me a dizer de coração: "É Teu tudo o que tenho!".

Ó meu Senhor compassivo, tu sabes que meus bens mais queridos e preciosos já estão guardados contigo em lugar seguro e que me ensinaste há muito tempo, em uma experiência dolorosa, a medir as perdas do mundo — comparando-as ao receber o Céu! Sim, Senhor, eu te glorifico porque levaste meu tesouro para o guardar em Teu depósito e ajuntaste minhas joias de preço inestimável em Tua coroa. "O que veio de ti eu te dei" quando entreguei em Teus braços aquele a quem mais amei e agora está contigo na glória.

Senhor amado, ao levá-lo, aparentemente levaste TUDO O QUE TENHO, de modo que esse não é mais um caso de "entrega", mas apenas de uma silenciosa e feliz submissão, à medida que revelas Tua vontade todos os dias e diriges meu trabalho e meu caminho.

Senhor, guarda-me no lugar secreto de Teu amor, "nada tendo, mas possuindo tudo"; esse é um abrigo muito seguro para uma alma cansada e expectante, e uma forma muito abençoada de estar preparada para a herança futura!

Livro 2

Um ramalhete de mirra

Palavras de ânimo e conforto para almas enfermas e entristecidas!

Por Susannah Spurgeon, 1898
(Escrito após a morte de seu amado esposo,
Charles H. Spurgeon)

1

Consolação para a alma

Nos muitos cuidados que dentro de mim se multiplicam, as tuas consolações me alegram a alma.

SALMO 94:19

"*As* tuas consolações alegram qualquer alma." Bendito Senhor, quão doce é esse texto na minha boca! Seu sabor é "como bolos de mel". Ele é comida e bebida para meu coração, porque cada palavra contém alegria e refrigério, assim como "o melhor vinho", do livro de Cântico dos Cânticos, "flui suavemente [...], escorrendo suavemente sobre os lábios de quem já vai adormecendo" [N.E.: 7:9 NVI.]. "As tuas consolações — as tuas consolações alegram-me a alma."

Concede-me graça, Mestre amado, para sentar à Tua mesa esta manhã e comer e beber abundantemente, como Teus amados podem fazer, das delícias divinas que Teu amor proporciona aqui! Ajuda-me a falar sobremaneira delas que tanto minha alma como a alma dos outros possam saborear o maná celestial e encher-se do vinho misturado e aromatizado da lembrança e da expectativa! Os consoladores humanos que possamos ter tido, e os abençoamos por sua bondade, não são capazes de consolar como tu, porque és "o Pai de misericórdias e Deus de toda consolação". Vem então, Senhor amado, e ajuda-nos a espalhar este banquete de coisas gordurosas e apresenta-o em ordem diante de nossos olhos, para que possamos saber por que temos de "consolar os que estiverem em qualquer angústia, com a consolação com que nós mesmos somos contemplados por Deus".

"Nos muitos cuidados que dentro de mim se multiplicam", a primeira de Tuas consolações, Deus gracioso, é esta que disseste à minha alma: "Eu sou a tua salvação!". Ele nos salva, não porque exista algum mérito dentro de nós ou por sermos dignos de alguma coisa, mas porque a graça soberana nos escolheu e a compaixão divina nos redimiu; e, quando estávamos distante, a compaixão infinita trouxe-nos de volta e nos aproximou pelo sangue precioso de Cristo. Ele pode muito bem "consolar nosso coração" — essa "eterna consolação e boa esperança, pela graça" — porque vem direto de "nosso Senhor Jesus Cristo mesmo e Deus, o nosso Pai, que nos amou". Um pecador salvo e perdoado pode dizer verdadeiramente: "As tuas consolações me alegram a alma!".

O próximo pensamento é: Ele nos salvou e nos sustém. Somos "guardados pelo poder de Deus, mediante a fé, para a salvação". Comparativamente, poucos cristãos colocam o poder sustentador de Deus totalmente à prova. Se confiássemos nele para nos suster, da mesma forma que confiamos para nos salvar, nossa vida seria muito mais santa e muito mais feliz. "Eu a vigio a cada momento" é uma daquelas promessas magnificamente ilimitadas que a maioria de nós teme; e, assim, nós as guardamos em segundo plano porque não ousamos acreditar nelas e não as trazemos à tona em nosso dia a dia. Ó corações tolos e incrédulos, quantas consolações para alegrar a alma nós perdemos!

Surge, então, outro pensamento: Ele cuida de nós. Queridas amigas, se vocês pertencem ao Senhor, conhecem a consolação extrema de lançar todos os seus cuidados sobre Ele e de ter a certeza de que Ele os "carregará" para vocês. Quantas vezes nos aproximamos dele oprimidas e sobrecarregadas, com um peso intolerável de ansiedade e angústia e fomos capacitadas a lançar todas elas sobre Ele, deixando-as a Seus pés e retornando ao nosso trabalho com o coração mais leve e descansado? Algumas de nós temos fardos e tristezas que poderiam ter esmagado nossa vida se não tivéssemos sido capacitadas a olhar para o alto e dizer: "Tu, Senhor, me ajudas e me consolas". Sim, verdadeiramente o cuidado de Deus para conosco é uma das mais doces consolações de nossa vida mortal!

Bem próximo a esse há outro pensamento: Ele conhece tudo sobre nós. Nossos inimigos — às vezes, até nossos amigos — não nos compreendem e nos caluniam; distorcem nossas palavras e ações e nos imputam motivos que nunca nos mobilizaram. Mas nosso Deus conhece os pensamentos e as intenções de nosso coração e nunca comete erro ao nos julgar. A consolação de conhecer essa característica do Senhor é indizivelmente preciosa para aqueles que estão "sofrendo injustamente". Eles podem erguer a cabeça com alegria e dizer: "O Senhor é bom e conhece os que nele se refugiam". Eu sei que essa consolação alegra tanto a minha alma que as provações e tentações não têm poder para exasperá-la ou aborrecê-la, porque "no recôndito da tua presença, tu [a] esconderás [...] da contenda de línguas".

Por último (embora haja muitos, muitos mais), um dos milhares de pensamentos que se destacam visivelmente dos outros, como uma consolação que alegra a alma, é que Ele nos ama. Essa verdade tem percorrido os campos dos pensamentos anteriores como um riacho prateado deslizando pelas campinas. Aqui, ele deveria aprofundar-se e expandir-se até tornar-se um oceano largo e insondável, se eu tivesse o poder de falar de sua altura, profundidade, comprimento e largura, e falar do amor de Cristo, que excede todo entendimento.

Mas minha pena falha completamente aqui. Sinto-me como John Berridge [N.E.: AVIVALISTA INGLÊS DO SÉCULO 18 (1716–93).] deve ter se sentido quando escreveu: "Precisamos morrer, para falar mais plenamente sobre Cristo!". Vocês que o amam, e sabem que Ele os ama, precisam dizer a si mesmas o que aquela "consolação de amor" significa para seu coração. Esse será um comentário melhor do que qualquer outro que eu possa oferecer. E, se alguma pobre alma angustiada estiver chorando a perda da doce consolação que só o amor de Cristo pode dar, que ela se lembre de uma promessa ternamente preciosa que o Senhor pôs nos lábios do profeta Isaías: "Tenho visto os seus caminhos e o sararei; também o guiarei e lhe tornarei a dar consolação" (ISAÍAS 57:18).

2

Um portão escancarado

Agrada-se o Senhor dos que o temem e dos que esperam na sua misericórdia.

SALMO 147:11

Parece-me que muitas pessoas do povo de Deus são como ovelhas medrosas que permanecem trêmulas do lado de fora do aprisco, rondando lentamente as cercas, famintas pelos pastos verdejantes e sedentas pelas águas de descanso dentro do redil, mas que não se arriscam a entrar. Elas estão nas campinas do Rei. Ele deu Sua vida por elas e chamou-as pelo nome; mas algo as impede de sentir a alegria plena de Seu amor e as delícias que aquele amor lhes proporcionou. Elas "não puderam entrar por causa da incredulidade", estão com medo de aproximar-se porque não possuem a "plena certeza de fé".

Pobres criaturas angustiadas e medrosas! Essa não é a vontade de Deus a respeito de vocês nem são os pensamentos de seu Pastor amoroso, pois Ele diz: "As minhas ovelhas ouvem a minha voz, e elas me seguem"; e seguir a Cristo sempre significa aproximar-se mais de Deus, e aprender a alegrar-se nele.

Esse texto é um portão escancarado para os belos campos da paz e da alegria, onde você pode encontrar descanso para sua alma. Você não precisa parar para pensar se pode entrar; o caminho é plano e suave, todas as pedras foram ajuntadas nas laterais; e, se quiser, pode entrar e será bem recebida.

Você não viu, recentemente, uma parte tímida de si mesma subir até o "Homem na Porta" e pedir-lhe para entrar? E não sabe qual foi a resposta imediata? "É o desejo de todo o meu coração", Ele disse.

E, se você se arriscar, receberá a mesma resposta amorosa.

Vamos analisar bem as palavras abençoadas e encorajadoras. "Agrada-se o Senhor dos que o temem." Você não pode entrar? Não teme o Senhor — quero dizer, no sentido espiritual, não no sentido de lacaio —, não teme desgostá-lo, contrariar Sua vontade, receber Sua desaprovação, ou ocasionar o esconder de Seu rosto? Então, se isso for verdade, Ele se agradará de você! Pense nisso em silêncio por um momento. Ponha este livro de lado e permita que a preciosa esperança entre sorrateiramente em seu coração e que essa seja a verdadeira mensagem de consolação para você. Receba-a, creia nela e alegre-se nela imediatamente.

Não a afaste de você nem se recuse a aceitar a bênção porque parece "boa demais para ser verdade", e porque você se sente muito pecadora, muito egoísta, muito desanimada para ser digna desse amor tão terno.

Além do mais, você não entende que, mesmo que esse portão não estivesse aberto o suficiente para pessoas medrosas como você, "o Pastor de Amor" o abriu um pouco mais na segunda parte do versículo: "e agrada-se dos que esperam na sua misericórdia"? Certamente, os mais desesperançados e temerosos filhos do Senhor podem avançar até esse ponto e, com o coração mais leve, dizer com gratidão: "Amado Senhor, com certeza isso deve ser para mim!".

Minha amiga, se você "teme o Senhor e espera em Sua misericórdia" verdadeiramente, sabe que não se trata de uma pergunta sobre o que você é, mas o que Cristo é para você. A fé no Senhor Jesus retira os trapos imundos da alma e veste-a com o manto inestimável da justiça do Salvador; e adornada dessa forma, é fácil ver que todos aqueles que creem precisam apresentar-se de forma agradável aos olhos do Pai. O querido Sr. Spurgeon gostava muito de citar dois versos singulares que expressam essa verdade tranquilizadora:

Ele, primeiramente Ele, e depois o pecador,
Veem em mim as chagas do meu Salvador.

Aqui está o segredo do deleite de Deus em Seu povo: por sermos "justificados gratuitamente, por sua graça, mediante a redenção que há em Cristo Jesus", é que ousamos acreditar que "foi do agrado do SENHOR, por amor da sua própria justiça". É lastimoso persistirmos em olhar, com frequência, mais para nossa própria condição espiritual do que para o Senhor, porque, só por meio dele, essa condição pode transformar-se em uma espera constante nele! A Srta. Havergal, em seu encantador livreto intitulado *My King* [Meu Rei], diz de modo admirável: "Vamos parar de olhar morbidamente para saber quanto nós o amamos exatamente, porque isso é como tentar nos aquecer com um termômetro e talvez nos leve a duvidar se o amamos verdadeiramente!".

Ah, almas queridas, um modo muito melhor é crer na Palavra de Deus e pensar alegremente que Ele se agrada de vocês, rejubilando-se em seu desejo de segui-lo e na esperança em Sua misericórdia que Ele vê em seu coração.

Lembrem-se de que o "temor" e a "esperança" são obras do Senhor em vocês, e não produtos naturais de sua alma. São dádivas espirituais implantadas pelo Espírito Santo. Então, tenham coragem, agarrem-se à verdade abençoada de que Ele as ama — Ele as ama! E, em breve, em vez de vagarem tristemente para cima e para baixo nas pastagens externas, vocês serão atraídas, por esse amor, para dentro do aprisco, onde "ele apascenta o seu rebanho entre os lírios".

3

Mesas no deserto

Pode, acaso, Deus preparar-nos mesa no deserto?

SALMO 78:19

Com certeza — Ele pode! A pergunta é uma das mais atrevidas e cruéis! Nossa indignação chega a arder contra o povo rebelde que pôs em dúvida o poder de seu Deus misericordioso, apesar de Ele ter feito coisas grandiosas por eles. Deus fendeu as rochas no deserto e deu-lhes água, vinda das profundezas. Também fez brotar riachos da rocha, e as águas correram como rios. Libertou-os dos torturantes grilhões da escravidão e alimentou-os com pão do Céu. Ainda assim, eles duvidaram de Sua capacidade de fornecer-lhes o alimento que desejavam no coração e "falaram contra Deus", questionando Seu amor e cuidado.

Ao ler a história daquele povo, estranhamos a dureza do coração deles e dizemos: "Como puderam ser tão cegos, tão ingratos, tão perversamente incrédulos?". Porém, no momento seguinte, curvamos a cabeça envergonhados, e nosso coração nos condena porque lembramos que cometemos o mesmo pecado com muita frequência. Nós também temos "agravado o Santo de Israel" e entristecido o Espírito de nosso Deus gracioso com nossa incredulidade persistente, porque pensamos muitas vezes e chegamos até a dizer: "Pode Deus preparar uma mesa no deserto?", mesmo quando a Sua mão amorosa e liberal já a havia preparado e estendido diante de nós!

Você já não agiu assim? Já não se sentiu envergonhada, às vezes, depois de ter recebido as mesmas bênçãos que duvidou que o poder de Deus podia dar? Será que Ele não tem provado com frequência ser capaz de "fazer infinitamente mais do que tudo quanto pedimos ou pensamos", mesmo quando o seu coração descrente duvidou dele?

Queridas leitoras, eu as levaria alegremente ao deserto comigo esta manhã e pediria que olhassem para algumas das "mesas" que, no passado, o Senhor preparou para vocês lá.

Não se lembram daquela experiência no deserto da aflição dolorosa, quando estavam prostradas, quando o coração e a carne fraquejaram e vocês foram lançadas no pó da morte? Não veio, então, o Senhor para fortalecê-las no "leito de enfermidade" e, com ternura, não guarneceu a mesa de seu quarto com os tônicos aromáticos de Seu amor e com o elixir revigorante de Seu poder terapêutico? E, depois daquela manifestação de Sua misericórdia, vocês não conseguem lembrar-se da rapidez com que a febre foi embora e da alegria que foi levantar-se da cama e servir a Ele?

Ou vocês se esqueceram daquela hora medonha de treva espiritual, de um "ermo solitário povoado de uivos" de terror, quando sua alma foi assaltada por uma horrível tentação, e Satanás os perseguiu com tal fúria que, por um momento, vocês quase perderam a esperança de serem libertas? Não foi aquele o exato momento no qual receberam o alívio e o socorro do Senhor misericordioso? Não foi Ele quem apareceu para defendê-las e tirá-las do conflito, para estender a mesa de Seu amor como um banquete em sua homenagem e prover as folhas colhidas da Árvore da Vida para curar-lhes as feridas?

Vocês não se lembram daquelas outras ocasiões de angústia, quando uma triste perda ou uma grande crise de sua vida as levou ao Saara da desolação e da dor? Quase despedaçada, a alma desfaleceu em seu interior, e vocês "andaram errantes pelo deserto, por ermos caminhos", acreditando terem sido eliminadas da terra dos viventes. Mas vocês clamaram a Deus — e quão abençoada foi a resposta dele! Ele transformou a terra seca em lençóis de água, o deserto arenoso em rica pastagem de graça e misericórdia, e lá Ele preparou "uma mesa diante de vocês", e o deserto produziu guloseimas dignas da realeza!

Ah, essas mesas no deserto! São antigas repreensões por nossa falta de fé — e memoriais constantes da fidelidade e do amor de Deus! Sim, mas quantas vezes nós agimos de modo semelhante ao daquelas cidades sobre as quais lemos nos evangelhos, onde Ele "não fez ali muitos milagres, por causa da incredulidade deles". Deus não realiza milagres para nós se não confiamos nele. Seus milagres de graça e poder são efetuados aos que possuem fé suficientemente forte para reivindicar o cumprimento de Sua Palavra. Poucas de nós, que dizemos ser cristãs, vivem à altura de receber altos privilégios como "herdeiras de

Deus e coerdeiras com Cristo"! Se entendêssemos nossa verdadeira posição como filhas do Senhor Deus Altíssimo, nada seria impossível para nós.

Um escritor de nossa época diz a respeito desse assunto:

Se existe uma discrepância entre nossa vida e o cumprimento e as alegrias de todas as promessas de Deus, a culpa é nossa. Se nossa experiência não é aquilo que Deus quer que seja, é por causa de nossa incredulidade no amor e no poder de Deus e na realidade de Suas promessas.

Não é esse o motivo pelo qual muitos filhos de Deus estão tendo uma vida espiritual de nível tão baixo e triste? É fato inegável de que eles não acreditam no que Deus disse. São incrédulos demais, como se Ele não lhes tivesse dado esta certeza abençoada: "Porque eu, o SENHOR, não mudo". São pobres, como se Ele nunca tivesse feito a promessa: "E tudo quanto pedirdes em meu nome, isso farei". E tão infelizes e cheios de preocupações, como se de Seus lábios não tivessem brotado estas doces palavras: "Não se turbe o vosso coração; credes em Deus, crede também em mim".

Amadas, quando pensarem no deserto para o qual vocês já foram levadas, nunca se esqueçam das mesas e de seus adornos que lá estão preparados para vocês. Isso as ajudará em Deus para o futuro — enquanto o louvam pelo passado!

4

A fé corajosa de um prisioneiro

Ah! Soberano SENHOR*, tu fizeste os céus e a terra pelo teu grande poder e por teu braço estendido. Nada é difícil demais para ti.*

JEREMIAS 32:17 NVI

Confinado em uma prisão em Jerusalém — a cidade prestes a ser sitiada, e seus habitantes ameaçados de cativeiro —, ainda assim, ao profeta é ordenado que compre um campo, observando todas as formas costumeiras de aquisição de terras, como se a situação do momento não estivesse atravessando uma crise tão terrível. O servo do Senhor obedece imediatamente, sem questionamentos ou delongas, compra o campo e pesa o dinheiro, aparentemente sem nenhuma probabilidade de ver o campo ou alegrar-se com ele. Que fé esplêndida! E vemos que o segredo brota de sua confiança quando ele diz exultante: "Ah! Soberano SENHOR, tu fizeste os céus e a terra pelo teu grande poder e por teu braço estendido. Nada é difícil demais para ti."

É importante notar que essas palavras agradaram ao Senhor de tal maneira que, mais adiante no mesmo capítulo, Ele as coloca na própria boca e as repete ao profeta perguntando: "Eu sou o Senhor, o Deus de toda a humanidade. Há alguma coisa difícil demais para mim?" (v.27, NVI).

Querida leitora, suas dificuldades e provações talvez não sejam comparáveis ou semelhantes àquelas do "profeta chorão", mas são verdadeiras e aparentemente intransponíveis para você; e é fato que, sozinha, você não é capaz de vencê-las ou suportá--las. Portanto, quero lembrar-lhe que a mão do Senhor não está encolhida, que Seu poder nos tempos de Jeremias é certamente igual hoje e que qualquer dificuldade que possa lhe estar causando opressão ou qualquer fardo que lhe pareça pesado demais, você, sim, você pode erguer a cabeça e olhar para Ele com confiança e dizer: "Nada é difícil demais para ti!".

Ó, a paz bendita que tal certeza traz! Não sei qual é sua tristeza ou dificuldade, mas sei que, seja qual for a sua natureza — cruel, amarga ou sem nenhuma esperança —, ela é "nada" para Ele! Deus é capaz de libertá-la com a mesma facilidade que você clama por Seu nome em busca de apoio e ajuda.

Agora, querida amiga, pense em todos os problemas que existem em sua vida:
circunstâncias difíceis,
deveres penosos,
dores angustiantes,
lutas dolorosas,

decepções amargas,
palavras duras,
pensamentos cruéis,
a dureza de seu coração,
a dureza do coração dos outros.

Reúna-os todos, e muitos outros, e empilhe-os até se transformarem em uma grande montanha de aflições — e o seu Deus continuará a perguntar-lhe calmamente: "Há alguma coisa difícil demais para mim?".

Quando nosso coração está cansado dos cuidados e infortúnios da vida, quando nossa coragem enfraquece por causa da falta de esperança, e clamamos com o patriarca: "Todas estas coisas me sobrevêm!", como é bom saber que o apoio e a fortaleza vêm do nosso Deus que tem todo o poder no Céu e na Terra! Não há nada poderoso demais para Ele controlar! Não há nada insignificante demais que escape do Seu olhar!

A fé de Jeremias...
não vê obstáculo algum,
não tropeça em impedimento algum,
não sucumbe sob peso algum,
não se retrai diante de nenhuma responsabilidade —
porque ele compreende a sublime Onipotência de
Deus e fortalece-se chamando à lembrança Seu "braço
estendido" na criação dos Céus e da Terra. Não
podemos agir de modo semelhante ao do profeta?

Outro dia, peguei um livro em um momento de lazer, abri-o ao acaso e vejam o que li: "Está cientificamente provado o fato de que este imenso globo no qual vivemos gira em torno de seu eixo a uma velocidade de cerca de 1.700 quilômetros por hora, e gira pelo espaço em sua órbita a uma velocidade imensamente maior!".

Essas palavras quase me tiraram o fôlego! Estaria eu vivendo calmamente o tempo todo no rodopio de um milagre tão estupendo quanto esse? Então, poderia dizer com certeza: "Ah, Senhor Deus! Nada é difícil demais para ti. Meus pequenos problemas e aflições — como devem ser diminutos para ti! No entanto, com que terna compaixão tu te voltas do dirigir os movimentos dos mundos para apoiar e consolar o coração daqueles que te temem!".

Jamais devemos desistir por causa do desespero, uma vez que temos um Deus em quem confiar. Se existe uma grande montanha de sofrimento ou dificuldade em seu caminho, querida amiga, não se deixe abater pela escuridão de sua sombra. O seu Deus pode abrir um caminho através dela — ou ajudá-la a contorná-la — ou, com a mesma facilidade, carregá-la no colo passando por cima dela! Nada é difícil demais para Ele! Espere, e o Senhor endireitará o que está torto e trará para baixo as coisas que estão no alto; enquanto você permanecer humildemente a Seus pés, Ele trabalhará de maneira espantosa, e você verá a salvação que vem dele!

5

Um testemunho pessoal

Nas tuas mãos, estão os meus dias.

SALMO 31:15

𝒫or que, então, eu preciso me preocupar ou tremer? A grande mão cheia de amor e poder, e fechada com firmeza, mantém todos os eventos de minha vida lacrados e seguros dentro dela. E somente Ele, meu Criador e meu Mestre, pode permitir que eles me sejam revelados de acordo com Sua vontade para mim. Que compromisso compassivo e gracioso! E se encaixa visivelmente naquela doce promessa de Sua Palavra: "Tu, Senhor, conservarás em perfeita paz aquele cujo propósito é firme; porque ele confia em ti!". Se acreditássemos completamente nisso, estaríamos livres de uma vez por todas da preocupação que corrói e desgasta a vida diária de tantas pessoas que se dizem cristãs.

"Os meus dias." Não apenas uma ou duas épocas importantes de minha história, mas tudo o que me diz respeito:

alegrias que eu não esperava,

aflições que poderiam ter-me destruído, se pudessem ter sido previstas,

sofrimentos tão cruéis que poderiam ter-me aterrorizado, se eu tivesse olhado para eles,

surpresas que o amor infinito havia preparado para mim,

serviços que eu teria imaginado não ser capaz de realizar,

— todos eles estão naquela mão poderosa como propósitos da vontade eterna de Deus para mim.

Mas, à medida que evoluem gradualmente e em silêncio, quão grande tem sido o amor que pareceu abraçar e envolver cada um deles!

A dor não foi medida enquanto a alegria foi cada vez mais abundante?

Os alívios e as consolações não excederam as angústias e queixas?

Será que todas as coisas não foram tão bem arrumadas, ordenadas, cuidadas e trabalhadas em nosso favor, para que pudéssemos nos maravilhar da bondade e da sabedoria de Deus, ao receber daquela Sua mão amada todos os "dias" que nós atravessamos?

Você concorda totalmente comigo, não é verdade, querida leitora? Então, eu lhe peço, aplique-as às suas atuais circunstâncias por mais tenebrosas ou difíceis que possam ser. Elas vêm direto da mão de seu Pai para você e fazem parte de Sua carinhosa vontade para você!

Eu já havia escrito até este ponto quando, de repente, Deus enviou-me "dias" de tanto sofrimento severo e prolongado, que a pena me caiu dos dedos, minhas palavras e conselhos viraram o rosto para dentro e tornaram-se um aglomerado de testemunhas — em vez de um grupo de exortadores. Espero que tenham visto uma pacífica submissão à vontade de Deus, um pouco de paciência, um pouco de fé tranquila em cada detalhe do modo como Deus estava lidando comigo. Mas, infelizmente, é mais fácil saber o que fazer do que fazê-lo, e muito menos corajoso apontar os esconderijos do inimigo do que manter-se no fogo de sua artilharia. Cheguei ao fundo do poço. Os dentes afiados e torturantes do sofrimento cravaram-se em mim, e suportei noite e dia seu aperto terrível.

"Por que o meu Senhor trata Sua filha desta maneira?", perguntei. Eu queria saber que lição Ele me ensinaria nesse sofrimento físico...
que me afasta de todo meu trabalho que tanto amo,
que me alimenta com "o pão das lágrimas",
e me dá "a beber copioso pranto".

Mas não recebi nenhuma resposta direta à minha pergunta, e repetidas vezes a lição "retornou" como não aprendida com perfeição. Às vezes, todos os pensamentos interligados desapareciam, e uma tristeza desconcertante tomava conta de mim. No entanto, em nenhum momento o grande Médico me abandonou; eu estava angustiada, mas nunca em dúvida. Dia após dia, noite após noite, a dor continuava, mas, quase sempre, em minha fraqueza, eu me lembrava do que estava tentando escrever antes da provação e sussurrava: "Nas Tuas mãos, estão os meus dias! Nas Tuas mãos, estão os meus dias! A obra é Tua, ó Senhor, portanto este deve ser o 'dia' certo, por mais triste que possa me parecer!'".

Um dia, o correio trouxe um estranho pacote redondo, que foi colocado à beira de minha cama. "Abra-o, por favor", eu disse à minha amiga. Foi mais fácil dizer do que fazer, porque o pacote era muito volumoso. Finalmente, um rolo extenso, lindamente iluminado, foi retirado; e, à medida que ia sendo desenrolado, foi possível ver as simples, porém significativas palavras: "Deus Nunca Erra!".

Foi como se um doce eco distante do amor de Deus tivesse assumido forma diante de mim repentinamente. Minha alma saltou para abraçar a abençoada verdade e encontrou refrigério e força, como se tivessem vindo de um anjo a serviço de Deus. Foi muito reconfortante e consolador para mim!

Às vezes, Deus envia uma coisa muito pequena para levantar Seus filhos quando Ele os deixa abatidos! E um remédio muito suave "aos seus amados ele o dá enquanto dormem"! Agora já nenhuma fraqueza, nenhuma ignorância, nenhum desespero, nenhum sofrimento pode me impedir de alegrar-me no fato de que "meus dias" estão na "mão" do Deus que nunca erra!

6

O telefone de Deus

*Na tua presença, Senhor,
estão os meus desejos todos,
e a minha ansiedade não te é oculta.*

SALMO 38:9

Uma das mais fortes e doces consolações que Deus dá aos Seus filhos enfermos e aflitos é a certeza de que Ele não apenas conhece seus sofrimentos e se compadece ternamente com eles em sua dor, mas que a ordem de cada provação procede dele, e que toda sua duração e continuidade são vistas por Ele com infinito amor e cuidado. Assim como o médico mantém o dedo pressionado no pulso do paciente para saber o limite que a dor pode ser suportada, Deus também segura nossa mão direita enquanto estamos atravessando as fornalhas da provação que se apresentam em nosso caminho para o Céu a fim de dar-nos apoio para passar por elas e levar-nos, no tempo certo, a louvá-lo por Sua graça consoladora e sustentadora!

Esse texto veio como um tônico precioso para meu espírito debilitado no leito de abatimento, onde me encontro ultimamente. Ao despertar de madrugada, durante minha recente enfermidade, senti uma dor física e uma angústia extremas. Tentei orar, mas não consegui pensar racionalmente; gemidos e lágrimas foram a única expressão que fui capaz de dar ao meu sofrimento — e até esses gemidos e lágrimas foram reprimidos e silenciados, para não incomodar os que dormiam na casa.

Então, um ministrante abençoado e celestial sussurrou a doce mensagem à minha alma: "O seu Deus conhece tudo sobre você! Ele vê seu sofrimento, ouve seus gemidos! Há um telefone direto de sua boca ao coração dele, e cada suspiro é registrado ali! Nenhuma escuridão, nenhuma distância, nenhuma aflição divisora, de qualquer tipo, pode separá-la de Seu cuidado constante. Ele a livraria de cada um desses sofrimentos se Ele não visse que eles estão agindo, em última análise, para abençoá-la. Entregue-se totalmente à Sua vontade e desígnio, e você encontrará paz até mesmo na dor".

Louvei-o, então, com suspiros e gemidos e em silêncio; senti que as lágrimas que corriam por meu rosto foram todas "recolhidas em Seu odre", porque Ele se aproximou muito de mim e, "como alguém a quem sua mãe consola", Ele me consolou. Ele não removeu meu sofrimento, mas fortaleceu-me para suportá-lo e descansar pacientemente nele, para que eu olhasse para aquelas horas com alegria, como um tempo de comunhão abençoada com meu Deus.

Para todos os filhos de Deus entristecidos e aflitos — sejam seus gemidos causados por pecado, enfermidade ou angústia do coração —, eu oro para que minha experiência possa ser de encorajamento. Lembre-se, querida amiga, de que o Deus que você ama, o Mestre a quem você serve jamais se mostra indiferente ao seu sofrimento nem deixa de ouvir o seu clamor!

Ele conhece o significado de nossas lágrimas,
a linguagem de nossos gemidos!

Davi disse sinceramente: "Eu me alegrarei e regozijarei na tua benignidade, pois tens visto a minha aflição, conheceste as angústias de minha alma!". E o Deus de Davi é o seu Deus, com a bênção da revelação de Jesus Cristo acrescentada, o Salvador, cuja compaixão divina é tão infinita quanto Seu poder.

Em tempos de aflição, a alma recebe grande ajuda quando acalenta pensamentos grandiosos sobre Deus; eles certamente induzem a...
grandes anseios por Ele,
grande fé nele e
grande amor por Ele.

E assim, sendo cheias com Sua plenitude, voamos acima e além de todas as distrações e distúrbios terrenos que nos cercam e querem nos abater.

A dor — seja física, mental ou espiritual — é sempre indesejável. E, à primeira vista, mostra um aspecto que nos alarma e incomoda. Mas quase sempre é um anjo disfarçado; e muitas vezes descobrimos que, por baixo de seu terrível exterior, estão escondidos...
os ternos sorrisos do amor de Deus,
a meiga disciplina de Seu ensinamento e
a doce compaixão de Sua maravilhosa paciência.

"Dá ouvidos, Senhor, às minhas palavras e acode ao meu gemido!" (SALMO 5:1).

7

A Luz da vida!

Faze resplandecer o teu rosto sobre o teu servo.

SALMO 31:16

Como uma noite sem estrelas, assim fica minha alma, ó Senhor, quando escondes Teu rosto de mim! Meus pés vacilam, os passos são incertos, as mãos tateiam como se fosse meia-noite, o coração contrai-se de medo e pavor indescritíveis.

Ó Luz bendita da minha vida, o que causou Teu afastamento? Por que te escondes por detrás dessas densas nuvens, de modo que eu não possa alegrar-me em ti?

Infelizmente, minha alma, só pode haver uma resposta à sua pergunta, e ela é muito séria e triste: "As vossas iniquidades fazem separação entre vós e o vosso Deus; e os vossos pecados encobrem o seu rosto de vós!".

Ó meu Senhor, essa acusação é também totalmente verdadeira; mas reconheço minhas transgressões: "Por isso, me abomino e me arrependo no pó e na cinza". Odeio o pecado que...
avoluma-se constantemente dentro de mim,
corrompe meu culto mais sagrado e
ousa intrometer-se em minhas orações.

Tu sabes que meu clamor sobe a ti todos os dias, quase todas as horas: "Sara-me, Senhor, porque os meus ossos estão abalados. Também a minha alma está profundamente perturbada; mas tu, Senhor, até quando? Volta-te, Senhor, e livra a minha alma; salva-me por tua graça!".

Não demorará muito para essa oração, se for sincera, permanecer sem resposta. O Senhor não se agrada de manter Seus filhos na prisão. Ele apenas espera que a transgressão da alma e a necessidade extrema de perdão sejam reconhecidas e confessadas; então Ele se vira para libertar e abençoar. O Sr. Andrew Murray diz: "A vitória verdadeira sobre o pecado é esta: quando a luz entra, a escuridão é posta para fora". Sim, da mesma forma que os nevoeiros e as sombras desaparecem do céu quando o Sol ilumina a Terra, os pecados, os sofrimentos e os medos fogem diante do rosto radiante e enaltecido do Deus perdoador! Senhor Jesus, bendito Salvador, é da luz de Teu semblante reconciliado que eu preciso para dar fim a esse sofrimento proveniente do pecado. É Tua presença pessoal, e somente ela, dentro de meu coração que pode fazer minha paz fluir como um rio.

"Faze resplandecer o Teu rosto sobre o teu servo." Manifesta-te em meu favor e, por Tua onipotência, realiza o milagre de fazer o Sol nascer em minha alma dissipando toda a escuridão de meu pecado com os raios vivificantes de Teu amor inigualável! "A minha alma anseia pelo Senhor mais do que os guardas pelo romper da manhã."

Ó alma expectante, é certo que Ele virá? Sim, é certo; mais certo que o Sol nascerá amanhã neste mundo, quando as horas de trevas tiverem cumprido sua missão, "o sol nascente das alturas" visitará aqueles cujos olhos o procuram e aqueles cujos corações anseiam por Ele e pelos gloriosos raios de Sua graça.

Mas houve um tempo, você não se lembra, ó minha alma? Quando escondemos, por assim dizer, o nosso rosto dele. Não, pior que isso, Ele foi "desprezado, e dele não fizemos caso". Que densa cegueira foi aquela quando não vimos qualquer beleza naquele que é "todo formoso!".

Ao contrário, muito ao contrário, estaríamos chorando nossa distância dele e suspirando pela manifestação da Sua doce presença, desejando que Ele nunca mais voltasse a ser para nós somente uma "raiz de terra seca", sem "aparência nem formosura".

Agradeçamos a Deus por Ele ter aberto os nossos olhos como uma preparação necessária para vermos a luz. Jamais teríamos orado: "Senhor, faze resplandecer o teu rosto sobre o teu servo" se não tivéssemos visto a nuvem escura de nossas transgressões, que se colocou entre Ele e a visão de nossa alma quanto ao Seu esplendor.

Sinto-me, hoje, como se estivesse escrevendo a alguém cuja experiência espiritual correspondesse à minha própria e tenho a esperança de que esse alguém será confortado "com a consolação com que nós mesmos somos contemplados por Deus".

Querida amiga, não há motivo para continuar nas trevas do afastamento da face do Senhor se você deseja verdadeiramente voltar a receber o Seu favor. Clame, e suplique, pela chegada da Luz da Vida. Ele será para você como "a luz [que] resplandece nas trevas"; e, antes de terminar de ler essas palavras, você poderá ouvi-lo dizer: "Num ímpeto de indignação, escondi de ti a minha face por um momento; mas com misericórdia eterna me compadeço de ti".

Ó Luz, que ofuscas todas as luzes,
Dentro de mim vem fazer habitação;
Ó alegria, que dispersas toda dor.
Entra, peço-te, neste pobre coração!

8

Graça pedindo mais graça

*Agora, pois, se achei graça aos teus olhos,
rogo-te que me faças saber neste momento o teu caminho,
para que eu te conheça e ache graça aos teus olhos.*

ÊXODO 33:13

Moisés estava na presença imediata do Altíssimo quando orou dessa maneira, mas com que intrepidez santa ele roga por sua causa, e que aceitação graciosa encontra nas mãos do Senhor! Venha, minha alma, e ouse fazer súplicas poderosas semelhantes à de Moisés. Aqueles eram os tempos do Sinai, e "leis e terrores" eram os símbolos do domínio de Deus; mas você está sob a sombra sagrada do Calvário e certamente pode pedir coisas grandiosas ao "Pastor Amoroso" que ali sofreu por você.

"Se achei graça aos teus olhos." Se me amaste desde a eternidade e escolheste uma pobre pecadora para ser Tua filha perdoada, posso certamente extrair da Tua misericórdia em tempos passados um doce motivo para pedir que continues a me estender Teu perdão. Minha posição neste momento, em Tua presença e aos Teus pés, prova sobejamente que já achei graça aos Teus olhos, ou não me terias chamado pelo meu nome e me ensinado a buscar Teu favor. E agora que fui autorizada a entrar no salão de audiência, e estendeste graciosamente o cetro de ouro para mim, ajuda-me, ó Senhor, a apresentar minha petição, para que me concedas o que peço!

"Rogo-te que me faças saber neste momento o teu caminho." Tu sabes quão cega eu sou por natureza, com que frequência fico perplexa e atônita diante do modo como me tratas e com que frequência o caminho à minha frente torna-se escuro, oculto e acidentado. Lança um raio de luz celestial sobre tudo o que aparenta ser indistinto e sombrio; que "Teu caminho" seja iluminado com o brilho límpido do Teu amor. Então, como será fácil e agradável andar nele! Em tempos passados, procurei e me esforcei por andar em meu próprio caminho e, ó Senhor, como foi triste essa viagem; porém, agora, Tua graça me fez não apenas desejar, mas decidir que meus pés não trilhem outro caminho que não seja aquele demarcado por ti!

"Para que eu te conheça." Meu Deus gracioso, ao me mostrares assim o Teu caminho, precisas atrair-me para mais perto de ti. Tocarás meus olhos, para que eu possa ver; revelar-te-ás ao meu coração, para que eu possa entender Tua vontade; permitirás que eu tenha comunhão preciosa contigo, que arrebatará minha alma — e, para mim, essa será uma antevisão do Céu. Houve tempos em que eras como um estrangeiro para mim, quando Teu amor não era reconhecido, nem Tuas ordens consideradas; mas agora te manifestaste, com poder divino, como Senhor e Mestre de meu coração, e eu desejo, almejo intensamente, não apenas te conhecer, mas conhecer também a força de Tua ressurreição!

Senhor, não existe nada que meu coração almeje com tanta paixão como a "iluminação do conhecimento da glória de Deus, na face de Cristo" — portanto entendo um pouco de Teu amor e graça admiráveis —, mas ser capaz de mergulhar nas grandes profundezas de Tuas misericórdias prometidas, voar no espaço ilimitado de Tua fidelidade, viajar do Oriente ao Ocidente de Teu amor perdoador, sem nunca encontrar nenhuma fronteira limitando Tua piedade e Teu poder, isso seria provar a alegria inefável que os espíritos glorificados conhecem. Ah, amado Senhor, "se achei graça aos teus olhos", peço que ao menos te reveles docemente ao meu coração esperançoso para que eu seja compelida e capacitada a exclamar em coro com a esposa de Cântico dos Cânticos: "Tal é o meu amado, tal, o meu esposo!".

"E ache graça aos teus olhos." Bendito Mestre, quanto mais eu te conhecer, mais graça acharei aos teus olhos; e, quando vires um traço qualquer de Tua semelhança em mim, tu o aperfeiçoarás e o completarás. Tu me atrairás, e eu te seguirei; e o próprio fato de seguir-te aclarará meus olhos e iluminará meu entendimento para que eu possa ver mais e compreender mais da Tua beleza e preciosidade — mais da Tua graça maravilhosa para mim. Sabes que todas as coisas da Terra tendem a esconder meu Senhor de mim: Satanás envolve-me nas nuvens escuras da incredulidade; meu coração pecaminoso me cega; as preocupações me oprimem e me esmagam; e os medos carnais ajuntam-se ao redor, com o propósito de confundir-me. Mas, Salvador amoroso, "se achei graça aos teus olhos", nada poderá separar-me de ti. Seguraste minha mão nas Tuas e, em todos os perigos, em todas as dificuldades e apesar de todos os inimigos, tu me conduzirás e me guiarás com segurança a ti e ao lar celestial. Portanto, oro para que, se achei graça aos Teus olhos, mostra-me agora o Teu caminho, a fim de que eu te conheça, a fim de que eu ache graça aos Teus olhos.

9

Graça em abundância

Deus pode fazer-vos abundar em toda graça, a fim de que, tendo sempre, em tudo, ampla suficiência, superabundeis em toda boa obra.

2 CORÍNTIOS 9:8

Que tesouro existe aqui para almas de extrema pobreza! Se nossa fé fosse forte e entusiasmada o suficiente para ajuntar as riquezas guardadas neste cofre de bênçãos — que milionários em graça seríamos!

"Mas o cofre está trancado", você diz, "como posso pegar o que não consigo ver?" É verdade, mas a fé é a chave que não apenas dá acesso a esses tesouros, mas dá-nos também o direito de tomarmos posse deles e usá-los para o enriquecimento constante de nossa vida diária.

Não sei o que vocês pensam, minhas queridas leitoras, mas, quando considero tal exibição de possibilidades divinas como as contidas nesse e em outros textos semelhantes da Palavra de Deus, penso, com doloroso espanto, em minha condição espiritual, que, com muita frequência, encontra-se reduzida à pobreza e à aflição. A extraordinária garantia, apresentada aqui pelo apóstolo, da capacidade de nosso Deus de suprir todas as nossas necessidades não é nenhuma novidade para nós. Sabemos que Ele "pode fazer-vos abundar em toda graça", reconhecemos totalmente a bênção de "ter sempre, em tudo, ampla suficiência", desejamos de todo coração "superabundar em toda boa obra", mas poucas de nós têm participado alegremente dessa herança. Ainda não tomamos posse da terra; talvez tenhamos apanhado um cacho ou dois de seus frutos e comido uma boa porção de seu mel, mas nossa fé ainda não se atreveu a reivindicar o cumprimento daquela maravilhosa promessa: "Todo lugar que pisar a planta do vosso pé, vo-lo tenho dado".

Ó venham todas as almas inquietas! Venha, pobre leitora titubeante! Venha, trêmula e fraca peregrina! Cinja os lombos de sua mente e permita que a fé marche com intrepidez para entrar nessa Terra Prometida e jamais a abandonem até que ela seja trocada pela Canaã celestial!

Imaginem por um momento como seríamos ricas se crêssemos dessa maneira em nosso Deus. Que capacidade teríamos de ser tudo, de fazer tudo, de sofrer tudo se abundássemos em toda graça! Com que persistência e sublimidade o apóstolo repete a palavra "toda" — essa palavrinha com um significado tão vasto! Somos capazes de imaginar a bem-aventurança de possuir toda graça — tendo sempre ampla suficiência — em tudo?

Deixo a pena de lado por um momento para agradecer a Deus por todas essas riquezas da graça em Cristo Jesus, o meu Senhor, e volto a pegá-la com este pensamento no coração:

O que mais Ele pode lhe dizer, minha irmã,
A você que em Jesus buscou abrigo e proteção?

Há outro sentido no qual as palavras desse texto podem nos elucidar melhor. O apóstolo Paulo, nos versículos anteriores, estava incentivando os cristãos em Corinto a terem liberalidade de espírito e zelo ao ministrarem aos santos. É importante notar que ele faz uma íntima conexão entre abundância de graça e oferta generosa ligando-as como causa e efeito, da mesma forma que a semeadura abundante assegura uma colheita farta. Na prática, ele diz: "O seu Deus é tão rico e está tão ansioso para enriquecê-los, não apenas com graça, mas com dádivas de todas as espécies, que quanto mais vocês derem, mais terão. E se vocês propuserem em seu coração de serem generosos, distribuindo amor, dinheiro, ajuda e bondade a todos ao seu redor, Deus, que ama aquele que dá com alegria, proporcionará os meios de realizar seu desejo, porque vocês terão 'em tudo, ampla suficiência', para que transbordem em toda boa obra!".

Penso que essa é uma visão muito séria e importante do texto. Será que nós, que nos queixamos de empobrecer por esse mesmo motivo, não tivemos falta de zelo para enriquecer os outros? Talvez tenhamos esquecido que "o mundo prospera acumulando riquezas, mas o cristão prospera distribuindo riquezas". Amadas, se nisso "o nosso coração nos acusar, certamente, Deus é maior que o nosso coração e conhece todas as coisas". Devemos buscar sinceramente nele o poder para "abundar em toda a graça" também.

"Deus pode", queridas amigas, e Ele está tão disposto quanto é capaz de "fazer-vos abundar em toda graça". Não é necessário que nenhum filho dele fique indigente ou angustiado em assuntos espirituais. Essa afirmação as assusta? Mas a Palavra de Deus comprova isso; e o fato de haver tantos cristãos meio--famintos, pobres na fé, sem conforto material, levando uma vida sem amor e sem alegria não a altera em nada.

"Ele pode!" Repita essas palavras para si mesma até aprender sua música abençoada; isso encorajará sua alma contra toda sorte de desespero. Você é muito pecadora — sim —, mas Ele "pode salvar totalmente". Você é a mais fraca dos fracos — é verdade —, mas Ele "é poderoso para vos guardar de tropeços". Você está sujeita a furiosas tentações, mas Ele "é poderoso para socorrer os que são tentados". Você treme de medo de não suportar até o fim — ah, mas Ele é capaz de "vos apresentar com exultação, imaculados diante da sua glória". Isso não é suficiente?

Ouça, alma querida, o próprio Mestre lhe diz: "Você crê que posso fazer tudo isso?". Cuide para que seu coração responda: "Sim, Senhor!" e então Sua doce resposta será: "Faça-se-vos conforme a vossa fé".

10

Um favo de mel de deleite

Não vos teve o Senhor *afeição, nem vos escolheu porque fôsseis mais numerosos do que qualquer povo, pois éreis o menor de todos os povos, mas porque o* Senhor *vos amava.*

DEUTERONÔMIO 7:7,8

Meu Deus gracioso, há um favo de mel de deleite e doçura nessas palavras! Pergunto se colocarás a vara da fé em minha mão esta manhã e me capacitarás a aprofundar-me até o fim nessa rica provisão, para que minha alma possa se alimentar e ficar satisfeita e para que os olhos de meu entendimento sejam iluminados?

"Porque o Senhor vos amava." Esse é Seu grande "motivo" para a maneira cabal com que Ele trata Seu povo. É uma resposta completa e convincente a todas as dúvidas e questionamentos com os quais Satanás deixa perplexos os filhos tímidos do Senhor. O inimigo de nossa alma tem, infelizmente!, um poderoso aliado na incredulidade perversa que se move furtivamente dentro de nós; mas eles serão derrotados quando aprendermos a usar essa arma de guerra contra eles.

Venha, meu coração, prove sua força e qualidade abençoadas neste momento! O inimigo diz: "Por que Deus lhe manda aflição, tristeza e sofrimento quando aqueles que não temem o Seu nome usufruem de tranquilidade contínua e prosperidade em abundância?".

Se você for capaz de responder corajosamente: "Porque o Senhor me ama!", terá dado um golpe de espada em Satanás e ficará livre, pelo menos por uns tempos, de seus estratagemas ardilosos e investidas ferozes.

Ou olhe para o texto como um raio de Sol atravessando uma fresta na janela fechada de uma experiência sombria. Tire seus medos e pressentimentos dos cantos empoeirados e coloque-os dentro do brilho dessa luz de amor. Você se surpreenderá ao vê-los transformados em confiança inabalável; suas dúvidas desaparecerão como se nunca tivessem existido, e todas as coisas más e amargas da vida serão transformadas em bênçãos em um piscar de olhos.

"Porque o SENHOR vos amava!" é a chave-mestra que se encaixa nas fechaduras da pergunta mais difícil e desvenda os mistérios do problema mais profundo! É uma beleza de eficácia maravilhosa e todos os que creem no Senhor Jesus Cristo não apenas se alegrarão por possuí-la, mas também a usarão constantemente para obter todo o desejo de seu coração nas questões espirituais.

O que a aflige, pobre alma? É a perda da saúde, de amigos ou de recursos? Deus tirou de você uma pessoa muito amada e deixou-a sozinha neste mundo triste? Ele a está testando e provando por meio de muitas angústias e tribulações "para saber o que [está] no seu coração"? Seja qual for a sua tristeza imediata e peculiar, se você tiver graça e fé suficientes para dizer: "É porque o Senhor me ama!", então atrevo-me a prometer-lhe que toda a amargura da aflição desaparecerá, e a paz de Deus a encherá com um doce contentamento que excede todo o entendimento. Nenhuma aflição é capaz de resistir a esse refrigério divino, nenhuma angústia é capaz de recusar o alívio desse bálsamo de Gileade. Se tudo o que lhe acontece pudesse ser levado, direta ou indiretamente, à mão de seu amoroso Senhor, com que grande júbilo você suportaria os fardos da vida, e como seria perfeito o descanso no qual o coração e a mente repousariam.

Ó Mestre gracioso, ao olhar para os anos que se foram, a dor e a alegria entremeadas passam diante de meus olhos como nuvens se movimentando em um dia de primavera. E embora as lembranças de grandes aflições e das tristes perdas lancem sombras intensas por toda a cena, parecendo apagar por alguns momentos toda a luminosidade acima e além daqueles céus mutáveis, o Sol nunca deixou de brilhar, e a escuridão e também o dia proclamam a imutabilidade de Teu amor. Quando os ouvidos de minha alma estão sintonizados para captar o doce sussurro de Tua voz, ouço-te dizendo: "Tudo isso, minha filha, foi porque eu a amava! Se eu a abandonasse a si mesma, você teria se destruído; mas em mim você encontrou ajuda. Todas as tribulações que você suportou não passaram de meus servos a quem confiei a disciplina necessária de sua vida terrena. Não se esqueça destas minhas palavras: "Eu repreendo e disciplino a quantos amo!".

11

Um paradoxo abençoado

Tenho visto os seus caminhos e os sararei.
ISAÍAS 57:18

Vemos aqui um dos paradoxos abençoadamente incompreensíveis do amor e da misericórdia de Deus, que nos surpreendem pelo excesso de graça compassiva: "Tenho visto os seus caminhos e...". Alguém poderia pensar que a próxima sentença seria: "Eu os castigarei", ou pelo menos: "Eu os reprenderei!". Mas, ao contrário da ira, aqui está o perdão! A compaixão dá espaço ao amor e, no lugar da amargura, o Senhor abençoa! "Tenho visto os seus caminhos e os sararei!"

Ó peregrina, essas ternas palavras não a fazem voltar para o seu Senhor? Ó coração empedernido, você não se comove diante de um modo de agir tão amoroso quanto esse? Ó alma fria e agonizante, esse tônico divino não a faz reviver?

"Tenho visto os seus caminhos." Que caminhos Deus tem visto em você? Eles não têm sido caminhos "maus", "tortuosos", "perversos", "seus próprios caminhos" — "os caminhos da morte"? Você não se desviou do caminho da vida e se recusou a andar "em Seu caminho" e escolheu "um caminho rebelde" para seguir?

Nosso coração deve concordar tristemente com todas essas acusações. Quando nos curvamos humildemente diante dele e dizemos: "Tu conheces todos os meus caminhos", sentimos que esse conhecimento que Ele tem de nós intensifica nosso embevecimento e nossa gratidão diante da compaixão amorosa dele por nós!

Quando eu era criança e causava um aborrecimento à minha mãe, sua repreensão ou castigo sempre eram acompanhados de minha pergunta hesitante: "Mamãe, a senhora não me ama?". E a resposta invariável de minha mãe era: "Sim, eu a amo, mas não amo seu mau comportamento!". Pobre mãe! Sem dúvida eu a pus à prova muitas vezes, e aquela era a melhor resposta que uma mãe amorosa poderia dar. Mas nosso Pai celestial tem palavras mais doces, mais primorosas que essas para Seus filhos rebeldes.

O amor de Deus é divino, portanto Ele diz: "Tenho visto os seus caminhos — e os sararei!". Ó doce compaixão de nosso Deus! Ó inexplicável ternura! Ó amor que excede a maior afeição de toda a Terra! Nosso coração não deveria render-se ao poder de tal compaixão?

Deus conhece todas as nossas maldades e tem visto todas as nossas obstinações; ainda assim, Seu propósito para nós é o de cura e perdão — e não de raiva e separação.

À medida que aprendo mais sobre Deus, sinto-me tão mal por causa de meu pecado — do pecado que habita em mim, do pecado do coração — que minha alma acolhe alegremente essa Palavra do Senhor, como um prisioneiro condenado aceita o perdão, ou como um homem se afogando se agarra à boia atirada para salvá-lo. Sermos curadas da doença que nos devasta, sermos libertas da apatia e indiferença que nos subjugam, termos um coração perfeito com o Senhor nosso Deus e andar perante Ele em um caminho perfeito — essa, creio eu, é a expectativa abençoada oferecida por essa promessa. Quem reivindicará seu cumprimento imediato? Quem levará a sério a Palavra de Deus e, crendo, receberá a bênção inestimável que Seu amor oferece?

Ó bendito Senhor, Tua paciência conosco no passado foi um milagre de misericórdia! Viste tantas coisas em nós que Tua alma abominava e, no entanto, vens agora com esse presente de cura em Tuas mãos, que significa não apenas perdão, mas também o poder para sermos santos.

Senhor, levantamos nossas mãos vazias e suplicantes em direção às Tuas mãos cheias. Nossos caminhos nos levaram cada vez mais para longe de ti; agora permite que Teu amor perdoador e terapêutico nos atraia em Tua direção, para que nunca mais estejamos entre aquelas "que deixam as veredas da retidão, para andarem pelos caminhos das trevas".

12

Fortalecimento divino

Eu te fortaleço, e te ajudo.
ISAÍAS 41:10

Quem me acompanhará até a presença do Rei esta manhã, para depositar aos Seus pés uma petição para o cumprimento dessa Palavra de Sua graça, sobre a qual Ele nos deixou esperançosas? Faremos companhia a Mentes-Frágeis, Grandes-Medos, Temores e Prontos-para-Vacilar e podemos fazer apenas uma triste aparição em Sua corte. Mas nossas necessidades não admitem demora, e esse Rei é tão gracioso e tem tanto amor e piedade pelos fracos e necessitados, que certamente não nos concederá uma mera audiência, mas atenderá ao desejo de nosso coração. Minha condição é tal que preciso de Sua ajuda, senão desmaiarei e fracassarei completamente; e eu sei que há muitas pessoas tão angustiadas quanto eu que buscarão a face do Rei comigo.

Bendito seja o Seu nome, porque podemos entrar em Sua presença com confiança e intrepidez santas, levando conosco a garantia de nossa fé em Sua preciosa promessa, escrita de forma imparcial e legível nas páginas de Sua Palavra, sem imperfeição nem rasura — e sem nenhum "se" e "mas" para desfigurar sua sublime simplicidade: "Eu te fortaleço — sim, e te ajudo!". O amor que Ele sente não é confiável? Não honra Ele a fé? Pode uma palavra de Sua boa promessa falhar? O que Ele disse não acontecerá verdadeiramente?

E, quanto à nossa atual necessidade de amparo, algumas de nós podem dizer, com os olhos cheios de lágrima: "Ó Senhor, se a fraqueza for um apelo para obter Tua força prometida, então estamos totalmente sujeitas à Tua misericórdia, porque nos encontramos no ponto mais baixo da vulnerabilidade; mal temos força suficiente para sentir nossa fragilidade; estamos deitadas 'no pó da morte'". Deus nos "abateu a força no caminho" para ensinar-nos a depender dele. Humilhou-nos, para nos levantar. Mostrou-nos que somos nada, para que Ele seja "tudo em todos".

A maioria de nós necessita dessa disciplina de completo fracasso em nós, para nos convencer de que nossa força está somente em Deus! Ele teve de humilhar-nos e provar-nos, para saber o que se passa em nosso coração. E, infelizmente!, como acontece com algumas de nós, o processo é tão demorado quanto nos tempos antigos, quando o povo do Senhor vagou pelo deserto durante 40 anos antes de aprender a lição. Ah, quantos aborrecimentos causamos ao nosso Deus! Que filhas ingratas, perversas e rebeldes nós somos! Ele precisa esvaziar-nos de tudo o que é abominável aos Seus olhos:

nosso orgulho,
nossa autossuficiência
nossa segurança carnal,
nossa própria justiça.

— antes de encher-nos com Seu Espírito e agradar-se de nós. Não é de admirar que o processo seja tão doloroso e nos custe muito choro e gemido. Fomos jogadas de cabeça para baixo das alturas de nosso orgulho e autoglorificação — e, enquanto estávamos feridas e sangrando no solo de nossa humilhação, esmagadas sob a percepção de nossa completa fraqueza, o Senhor aproximou-se e deu-nos esta graciosa segurança: "Eu te fortaleço — sim, e te ajudo!".

Como, porém, descreverei a alegria com a qual ouvimos o primeiro sussurro suave de Sua meiga voz e reconhecemos a força e o toque de Sua poderosa mão? "Cheguei ao fundo do poço", dissemos, e as palavras mal conseguiram ser ouvidas, tal era nossa fraqueza, mas Deus tocou nossos lábios com um tônico divino e, então, de nossa língua liberta partiu um som alto e claro ecoando o testemunho triunfante: "E Ele me ajudou!".

Não é um fato espantoso e meigo a entrada da força divina em um coração vazio? Agora sabemos, por experiência própria, o que o apóstolo queria dizer quando escreveu: "A minha graça te basta, porque o poder se aperfeiçoa na fraqueza". Temos aqui o mesmo que fez a promessa e também a mesma promessa, mas em outras palavras. "Eu te fortaleço — eu, o Deus Todo-poderoso, cujo poder é infinito, te fortaleço, ó pobre verme da terra!"

Ah, a condescendência e a ternura de nosso Deus! Nosso grau extremo de miséria espiritual é Sua oportunidade! Sua misericórdia vem logo após a nossa aflição. Tão logo nos ensina que nossa necessidade é extrema, Ele a supre com a profusão de Seu amor imensurável. É então que Ele nos dá "uma coroa em vez de cinzas, óleo de alegria, em vez de pranto, veste de louvor, em vez de espírito angustiado!". E, ó, como nosso coração se alegra e nossos olhos brilham depois que andamos na luz de Seu rosto! "Amado Senhor", dizemos, "vale a pena sentirmo-nos fracas para depois sermos fortalecidas gloriosamente por ti!".

"Porque eu, o SENHOR, teu Deus, te tomo pela mão direita e te digo: Não temas, que eu te ajudo. Não temas, ó vermezinho de Jacó, povozinho de Israel; eu te ajudo, diz o SENHOR, e o teu Redentor é o Santo de Israel" (ISAÍAS 41:13,14).

13

O toque de fé

Quem me tocou? Alguém me tocou.
LUCAS 8:45,46

"Mestre, as multidões aglomeram-se e te apertam de todos os lados, no entanto tu dizes: Quem me tocou?". Em toda aquela imensa aglomeração de pessoas, acotovelando-se a fim de conseguir ver o Homem maravilhoso no centro, e até comprimindo-o com rude curiosidade, havia uma pobre mulher sofredora que entendeu Sua missão e quis provar para si mesma o poder que ela acreditava que Ele possuía.

Bendito Senhor Jesus, essa "anônima" enferma e aflita me guiará a Teus pés nesta manhã! Alegro-me por saber que seu toque de fé deve ter sido resultado de Teu amor e compaixão divinos. Tua mão deve ter movido o coração daquela mulher, senão ela nunca teria tocado a orla de Tua veste. Tu deves ter despertado dentro dela o desejo e a confiança que produziram resultados tão ditosos. Conhecias bem aquele triste caso da "anônima", amado Senhor, e, "por causa da multidão presente", bem como de um doce incentivo a todos aqueles que viriam a crer em Teu nome, atraíste graciosamente a ti aquela criatura enferma pelo pecado, enferma na alma e impura, para que pudesses lhe conceder perdão e cura!

Ó, não repetirás o milagre neste momento, Senhor? Esta escritora e suas leitoras estão necessitando que exerças Teu poder Onipotente em favor delas, e estamos agora estendendo nossas trêmulas mãos de fé para receber a bênção que só tu podes dar! Ó, leva-nos a tocar-te e viver!

Você gostaria de saber, pobre pecadora, se sua necessidade e anseios, e se suas vagas e primeiras esperanças de misericórdia são conhecidas do amado Salvador a quem você busca? Veja aqui como o Senhor tomou conhecimento imediato de um toque na orla de Sua veste e como Ele soube, naquele exato momento, que dele havia saído poder. Que grande encorajamento isso deve ter dado àquela alma medrosa e encolhida!

O mais leve contato de fé com Cristo assegura a salvação. Seu abençoado poder e Sua disposição para salvar são tão grandes que, até de Sua roupa, saiu cura sagrada em resposta ao toque confiante daquela pobre mulher. Quanto mais será a pureza espiritual que lhe será concedida quando você disser:

Minha fé pousa suavemente a mão
Sobre a Tua cabeça tão querida,
Enquanto apresento minha confissão,
E reconheço o pecado de minha vida.

Quero animar minha alma com essa consolação de Deus. Estou percebendo com muita dor que "em mim não habita bem nenhum"; não, mais que isso, que "o mal reside em mim". A luta contra a corrupção inata é intensa, e sinto-me quase exaurida. Não é este o momento próprio para pôr o poder do Salvador à prova e confiar nele? Terei de abrir caminho para atravessar uma multidão de iniquidades, dúvidas e desencorajamentos; mas meu caso é urgente, e sei que, "se eu puder tocar em Sua veste, serei curada!". Visto que, da mesma forma que minha fé encontra a graça de meu Salvador, minha libertação é garantida e completa. Ah! Quão insensato e ignorante seria se nos afastássemos da visão plena da vida eterna e escolhêssemos perecer em vez de persistir!

"Mas", dirá alguém, "penso que seria mais fácil eu forçar a abrir caminho no meio de uma multidão e esticar a mão para tocar Jesus que imitar de forma espiritual e mental a ação daquela mulher". Sim, entendo, você duvida como Tomé duvidou; antes de crer, precisa pôr o dedo na marca dos pregos e colocar a mão no lado de Jesus. Isso sempre me pareceu uma decisão propositalal e insensível da parte do apóstolo, no entanto com que ternura o Senhor lidou com a situação, com que abrangência e liberdade Ele deu permissão a Tomé para aquietar suas dúvidas à sua própria maneira! Penso que Tomé não tirou proveito da permissão; a glória do corpo ressurreto do Salvador dispersou todo o seu ceticismo em um momento; mas houve uma meiga reprovação nas seguintes palavras de Cristo: "Porque me viste, creste? Bem-aventurados os que não viram e creram".

Ó meu Senhor gracioso, é maravilhoso demais saber que permites que minha fé ponha em ação o Teu divino poder de curar e salvar! É um doce conforto lembrar que tu sabias tudo a respeito daquela mulher calada, arrastando-se furtivamente atrás de ti, para apoderar-se de uma bênção até mesmo de Tua veste; mas é também um alívio maior entender que permitiste que os dedos trêmulos dela abrissem, por assim dizer, as comportas de Teu amor eterno, de modo que o espírito, a alma e o corpo fossem inundados de uma só vez com a graça e o favor celestiais e com perfeita paz e perdão! Ó Senhor Jesus, faltam-me palavras para exaltar Tua maravilhosa compaixão, Tua piedade e amor indescritíveis; mas te suplico, agora, que atraias outras pobres pessoas "anônimas" aos Teus pés amados, para que elas também possam ser curadas!

14

Remando com dificuldade

(Uma mensagem de Ano Novo)

*Ele viu os discípulos remando com dificuldade,
porque o vento soprava contra eles.*

MARCOS 6:48 NVI

Amadas amigas,
               Pode ser que, para algumas de vocês, o Ano Novo se inicie triste e em silêncio, sem o repicar alegre dos sinos e sem os gritos de saudação para celebrar sua chegada, o que significa alegria para muitos outros corações. Suas provações são penosas, e os confortos são poucos. Os sofrimentos terrenos os angustiam e impedem a escalada feliz de seu espírito aos lugares celestiais em Cristo Jesus. A probabilidade de labuta e exaustão incessantes as oprime ou a lembrança de tristeza e sofrimentos as deixa entorpecidas. E acham que não podem reagir com

entusiasmo à saudação costumeira de amigo para amigo: "Feliz Ano Novo!". Vocês prefeririam sumir da Terra e gostariam que Deus lhes desse as asas de uma pomba, para que pudessem voar para longe e descansar!

Entendo bem seus sentimentos; compartilho seus medos e fraquezas, mas trago-lhes de novo hoje a doce e consoladora garantia de que seu bendito Senhor...
conhece todas as suas tristezas,
vê todos os seus sofrimentos,
está protegendo-as com seu divino amor
e cuidados incessantes
e, em Seu tempo oportuno, as aliviará ou libertará!

E mais: vocês não sabiam que, às vezes, o Mestre leva os Seus filhos amados a atravessarem caminhos estreitos e dolorosos, com o objetivo expresso de manifestar o Seu grande poder para libertá-los? Vou tentar mostrar-lhes isso, como se fosse uma ilustração rudemente esboçada sobre as páginas da Palavra de Deus.

Vocês estão vendo aquele pequeno barco em um lago assolado pelo vento? A tempestade e a escuridão estão reunindo forças rapidamente, o mar está encapelado e revolto diante do grito de guerra do temporal, e um grave perigo ameaça os homens na frágil embarcação. Eles estão lançando mão de todos os esforços e músculos para chegar à praia do outro lado. Manipulam os remos com força quase sobre-humana, mas não são capazes de vencer a força tremenda do vento e das ondas, que os açoitam continuamente e ameaçam tragá-los! Nosso coração fraqueja quando olhamos para a perigosa situação daqueles homens e imaginamos que o mar tragará sua presa!

Agora voltem o olhar em direção a terra. No alto de um monte próximo, há um Homem sozinho, porém majestoso. Ele está com os olhos fixos nos remadores dentro daquele barco frágil, fustigado pela tempestade. Nenhum perigo é negligenciado, nenhum esforço passa despercebido, e o medo no coração deles enche Sua alma de piedade e suplica por Seu mais terno amor. Ele vai salvá-los e, ao libertá-los, manifestará gloriosamente Seu poder e bondade divinos. Ele menosprezará as ondas daquele mar turbulento e fará aquele vento forte e tempestuoso acovardar-se, em homenagem silenciosa, diante de Sua presença.

Vocês conhecem a doce e sagrada história, mas quero que imaginem que é sua história também e que certamente, assim como "Ele viu os discípulos remando com dificuldade" e conhecia cada detalhe da condição e perigo que enfrentavam, Ele também observa...
seus sofrimentos,
suas dificuldades,
sua necessidade de ajuda e da presença dele.

Embora vocês estejam sendo açoitadas pelas ondas bravias de circunstâncias adversas, e os ventos pareçam soprar do lado contrário, embora todos os seus esforços não as levem ao porto desejado, e suas forças pareçam falhar — não desanimem; lembrem-se de que seu Senhor está muito perto e que, na hora e no momento certos, Ele virá em seu socorro e as libertará de todas as suas aflições!

Se aqueles discípulos soubessem que seu Mestre abençoado os estava observando, cuidando deles e indo até eles, vocês não acham que eles teriam desafiado a tempestade a fazer seu pior estrago e entoado cânticos de libertação em meio aos açoites do temporal? Eles não sabiam nem entendiam, porque a Palavra diz: "O coração deles estava endurecido", portanto, remaram até a exaustão e não reconheceram o Senhor, mesmo quando o viram.

Mas, queridas amigas, vocês conhecem "a graça de nosso Senhor Jesus Cristo" e, portanto, deveria ser fácil confiarem nele, por mais forte que o vento sopre ou por mais violenta que seja a tempestade. Guardem essa consolação abençoada em seu coração: o seu Senhor cuida tanto de vocês, que nada que lhes diz respeito é insignificante para Ele ou passa-lhe despercebido. Vivam como se estivessem em Sua presença imediata! Acostumem-se a observar a orientação de Seus olhos e a pronta ajuda de Sua mão. Creiam de toda a sua alma em Sua força infinita e amor eterno!

15

No escuro, sem Jesus

Já se fazia escuro, e Jesus ainda não viera ter com eles.
JOÃO 6:17

Ao ler esse texto, penso que consigo ouvir uma alma pesarosa dizer: "Ele expressa exatamente minha condição! Estou extremamente perturbada e deprimida. Não vejo nenhuma luz, e o amado Senhor, que sempre esteve tão perto, afastou-se de mim!". Então, querida leitora, vamos conversar sobre o assunto e tentar descobrir por que você está no escuro, e por que Jesus não vem?

A primeira pergunta é: "Como você chegou a esse ponto?". As trevas caíram sobre você em razão de causas naturais, da mesma forma que a noite se abateu sobre os discípulos no barco? Ou o Senhor ordenou que você entrasse na nuvem? Seu desânimo foi causado pelas sombras profundas da enfermidade física? Ou você fechou os olhos de propósito e, por conseguinte, impediu a entrada da luz do Céu? Dá-nos, neste momento, Teu maravilhoso "holofote", ó Espírito de Deus, para que possamos ver a nossa verdadeira posição!

"Já se fazia escuro." As sombras da noite começavam a cair quando os discípulos se afastaram da praia, portanto a noite chegou naturalmente antes que eles alcançassem o "outro lado". Não lemos que eles estavam com medo da escuridão; mas haviam deixado o Mestre no alto do monte e estavam sozinhos e perplexos por causa de Sua ausência, e talvez estivessem se perguntando quando e onde o veriam de novo.

Sua atual experiência pode ser semelhante à deles. É noite em sua alma porque Jesus está longe; seu coração chora a Sua falta e recusa-se a ser consolado enquanto a luz de Seu rosto não brilhar sobre você. Tenha bom ânimo, querida amiga. Se você estiver ansiando dessa maneira por Ele, a escuridão em breve passará, e a aurora nascerá em seu coração. Ele já está a caminho para encontrá-la, andando sobre as ondas de seu desassossego e tristeza; e tudo ficará bem com você quando Ele se revelar dizendo estas doces palavras: "Sou eu. Não tema!".

"Já se fazia escuro." Às vezes Deus envia Seus filhos à escuridão. As dispensações das trevas, que vêm para provar o povo de Deus, quase sempre fazem parte de Seu desígnio e propósito. Um autor antigo diz: "O uso das trevas tem vários motivos:

tornar-nos humildes;
convencer-nos de nossa absoluta dependência dele;
provar a nossa necessidade contínua do
sustento divino;

tornar Cristo o único motivo de nossa esperança e o objeto de nossa glória, levando a alma a afastar-se de todas as coisas, para que olhe somente para Ele".

O que você precisa fazer se Deus a está tratando assim? Você precisa "confiar, e não temer". "Descanse no Senhor e espere pacientemente nele." A mão de Deus a guiará através da escuridão até a luz, e muito mais rápido ainda se você contar o tempo todo a Ele que seu coração sofre dolorosamente porque anseia ver de novo o brilho de Seu amor. Tenha certeza de que Ele não a deixará desconsolada; Ele virá até você.

"Já se fazia escuro." Há uma escuridão que pode ser facilmente rastreada até chegar às enfermidades físicas e a um distúrbio na estrutura corporal. A depressão da alma é frequentemente resultado da opressão da carne. A fraqueza física é, às vezes, a causa da diminuição do poder espiritual. É nessas ocasiões que Satanás, sempre alerta para nos aborrecer ou, de preferência, nos fazer mal, aproveita-se de nossa dolorosa condição para incutir dúvidas e medos que não aceitaríamos se estivéssemos em perfeita saúde. Satanás sente-se à vontade na escuridão, e ele a povoa com fantasias e medos absurdos que a tornam mais tenebrosa ainda. Nossa alma comporta-se como uma criança assustada em um quarto escuro; trememos de medo. Mas podemos gritar, como ela faz, e, com muito mais presteza e prontidão que a "mamãe" que corre para acalmar e consolar seu filhinho, nosso bendito Senhor correrá quando o chamarmos para nos livrar de nossos medos e do "poder das trevas".

"Ah", você diz, "mas Jesus ainda não foi até eles". Não, mas Ele estava indo; e Sua presença, no escuro da noite ou na claridade do dia — essa é toda a bênção que almejamos.

"Já se fazia escuro." Outro tipo de escuridão é aquela na qual entramos voluntariamente por causa de nossa cegueira proposital. Fechamos os olhos e cobrimos a cabeça e depois choramos porque não conseguimos ver nenhuma luz! Por ignorância ou teimosia, escondemo-nos nas sombras, quando a luz intensa do amor e da compaixão de Deus está ao nosso redor. Ó, quem dera eu pudesse escrever de forma a convencer algumas pobres almas a abrir os olhos de fé para a claridade!

Sei, com base em uma triste experiência, como você sofre e como a escuridão (seja qual for a causa) a arrasta e a esmaga. Você não duvida completamente do Senhor nem deixa de acreditar em Sua Palavra, mas há uma mudança vindo sobre você, e não sabe dizer por que, nem o que é. Os dias de cânticos e alegrias foram deixados para trás e, aparentemente, você vive agora quase sem nenhum sentimento; você ora — como de costume —, mas, ao orar, não há uma aproximação real de Deus, nenhuma comunhão com Ele, porque Jesus não chegou até onde você está. Você cuida de suas obrigações diárias e trabalha para Cristo de forma apática e coagida, o que não traz nenhuma bênção a você e aos outros. Normalmente, tem a ver com você mesma se está espiritualmente viva, se viveu enganada o tempo todo e se não passa de uma hipócrita vergonhosa. E a parte mais triste e pior disso tudo é que você se sente quase satisfeita por continuar a viver dessa forma sem brilho, sonolenta e pecaminosa.

Ah, essa é a verdadeira escuridão, uma escuridão perversa, da qual você deve fugir com asas nos pés. Deus exige que você saia dela imediatamente, porque ela é a escuridão da sombra da morte; e quanto mais você permanecer nela, mais a noite a envolverá. Voe para a vida! Jesus está esperando para oferecer-lhe perdão e restauração. Mesmo enquanto você estiver lendo estas palavras, a ordem chegará aos seus ouvidos: "Desperta, ó tu que dormes, levanta-te de entre os mortos, e Cristo te iluminará".

16

Um caminho perigoso

Senhor, manda-me ir ter contigo, por sobre as águas.
MATEUS 14:28

Pobre Pedro! Que noite de ansiedade e exaustão de tanto esforço e espera ele havia passado naquele barco açoitado pela tempestade, com o vento soprando em sentido contrário e sem a presença de seu amado Senhor! Mas, agora, a quarta vigília da noite havia chegado, o dia estava clareando e, com os primeiros raios da alvorada, a esperança nasce em seu coração de que o livramento virá. E ele vem de uma forma totalmente inesperada, como ocorre com a maioria das grandes misericórdias. Sentimos medo ao entrar na nuvem; mas, quando ela nos envolve, vemos sua luminosidade com a graciosa manifestação do próprio Deus. Os pobres discípulos "gritaram de medo" quando avistaram Jesus, embora estivessem aguardando e orando pela chegada dele a noite inteira. Deveriam estar preparados para uma revelação de Sua glória. Mas Pedro — o amoroso e impetuoso Pedro —, ao ouvir a voz de seu Mestre, queria abraçá-lo a todo custo; sem suportar a distância do Senhor que aquele mar cruel interpunha, ele partiu para a grande aventura que foi, e ainda é, uma lição objetiva de fé a todas as gerações futuras.

O relato inteiro, conforme descrito no evangelho, é uma pintura admirável das muitas fases de nossa vida cristã, mas, nesta breve meditação, estou analisando principalmente dois pontos na tela resplandecente:

1) A permissão é buscada: "Senhor, manda-me ir";
2) O caminho perigoso: "sobre as águas".

Querida leitora, suponho que você, assim como eu, esteja ansiando por uma conscientização mais próxima da presença de Cristo, sedenta de uma comunhão mais íntima e ardente com Ele. No entanto, infelizmente eu quase sempre não consigo obter uma percepção permanente dessa presença. Como devemos garantir a bênção? Como sair de uma vida antiga e entrar em uma nova e divina experiência? Não será por meio de nossos esforços, evidentemente. Se Pedro tivesse tentado sair do barco sem a ordem de seu Senhor, teria submergido imediatamente.

Nossa dependência de Deus é absoluta. Nossas lutas para sermos semelhantes a Cristo e termos comunhão com Ele são, em si, infrutíferas. Ele precisa atrair-nos — caso contrário não poderemos "correr até Ele". Ele precisa "ordenar" — caso contrário não poderemos "ir". O orgulho e a autossuficiência são mergulhados no pó por essa doutrina; mas isso serve apenas para provar sua verdade e necessidade. E o cristão verdadeiro é impelido a isso, não para desistir de seus desejos, mas para aumentar suas súplicas sinceras a fim de que Deus diga a palavra de graça soberana.

"Manda-me ir." Frances Ridley Havergal dizia: "Todas as ordens de Deus são exequíveis", e aqui está o segredo da vida de fé: o coração obediente concorda completamente com a declaração de Deus: "Sem mim nada podeis fazer!". Ah, almas queridas, tenham certeza de que, se vocês sentem o desejo verdadeiro de aproximar-se de Cristo, foi Ele quem gerou esse desejo e está mais que pronto para conceder também o poder para dar esse passo de fé, "abandonando o 'eu' e indo até Ele", o que até agora parecia impossível. Ele está esperando para dar-lhes a "ordem"; é por isso que Ele está andando sobre o mar da separação e se revelou a vocês para que anseiem mais por Sua presença. E tão logo vocês se conscientizarem de sua vulnerabilidade e de Sua força todo-poderosa, o doce chamado: "VENHAM!" as alcançará mais rápido que as asas do vento.

"Sobre as águas." Agora é o momento do teste de fé. Andar sobre a água foi a proposição de Pedro. E o Senhor concedeu-lhe esse pedido. Ele poderia ter chegado perto de Seu discípulo em um instante e tê-lo poupado da prova de fé e da descoberta de sua fraqueza que a experiência lhe concedeu. Mas, aparentemente, a lei do Reino diz que devemos nos aproximar de Cristo nas próprias ondas que nos separam dele. E isso é, sem dúvida, para o nosso bem, para que mais uma vez vejamos a prova de nossa fraqueza e aprendamos a confiar inteiramente em Sua força. Talvez, no primeiro ímpeto de alegria quando o Senhor nos ordena a ir, pareça um pouco fácil "andar sobre as águas para ir ter com Jesus", e a autoconfiança sussurra que estamos totalmente aptas para dar um passo naquele caminho extraordinário. Contudo, logo descobrimos nossa vulnerabilidade sem Ele. O vento é forte demais, as ondas são ameaçadoras. Lembramo-nos da grande profundidade abaixo de nós, o medo domina a fé e, "começando a submergir", gritamos: "Salva-me, Senhor!".

No entanto, quase sempre é "sobre as águas" que encontramos um caminho majestoso para chegar aos pés amados do Senhor, e, com muita frequência, nossos medos e fraquezas impõem uma força sobre nós para nos convencer de que nosso bendito Mestre é verdadeiramente o Salvador Todo-poderoso e divino!

Com que rapidez Ele estende Suas mãos para nos libertar e apoiar! Que calma e segurança sentimos quando percebemos jubilosamente Sua presença imediata!

Penso que o amado Senhor deve ter segurado a mão de Pedro na Sua enquanto eles andavam de volta até a embarcação, porque o vento só cessou quando subiram a bordo. No entanto, não ouvimos mais falar de medo de submergir. De qualquer forma, sei que, não importa a profundidade ou o perigo dos mares do pecado, da tristeza ou da provação sobre os quais Cristo nos ordena que nos aproximemos dele. Sua mão direita nos segurará com firmeza até chegarmos ao porto seguro da Terra de Emanuel.

17

Com Jesus, mas com medo

Onde está a vossa fé?
LUCAS 8:25

Aqueles homens se encontravam em situação de vida ou morte! Em sua obscura visão humana, todos os fatores para uma terrível tragédia haviam-se reunido ao redor daquele pequeno barco! Rajadas violentas de ventos tempestuosos, devoradoras ondas do mar, uma frágil embarcação que estava a todo momento em perigo de naufragar, o terror paralisante no coração de todos, menos de um — e Jesus estava dormindo! Pode-se imaginar o desespero e a intensidade do grito com que eles o acordaram: "Mestre, Mestre, estamos perecendo!".

"Despertando-se Jesus, repreendeu o vento e a fúria da água. Tudo cessou, e veio a bonança." Em um instante, a desordem terminou, e o perigo foi embora. Mas podemos imaginar o olhar desgostoso de reprovação no rosto do Senhor depois que Ele domina os elementos acovardados da natureza e pergunta aos homens trêmulos a Seu lado: "Onde está a vossa fé? Os ventos a espalharam? O mar a engoliu? O medo de vocês a fez desaparecer completamente?".

Depois de tantos séculos, ao fazermos uma retrospectiva sobre esse incidente no mar da Galileia, parece incompreensível que os discípulos pudessem sentir algum tipo de medo enquanto Jesus estava com eles. Pensamos que Sua presença pessoal, quer dormindo quer acordado, fosse uma segurança perfeita para eles contra qualquer medo. Não haviam eles presenciado diariamente as manifestações de Seu grande poder? Ele não havia realizado milagres maravilhosos, como curar enfermos, dar vista aos cegos, fazer paralíticos andarem, multiplicar alguns pães e peixes para alimentar uma grande multidão, dar vida aos mortos, entre tantos outros? Afinal, os discípulos haviam visto, sentido e conhecido Seu grande poder no passado. Então, por que o atual perigo era tão assustador para eles? Pode ser que eles não tivessem recorrido a Jesus no momento certo, assim que o vento soprou violentamente contra eles. Talvez tivessem pensado que seriam capazes de controlar o barco e a tempestade com os próprios esforços e habilidades.

É possível que a autoconfiança tivesse invadido o coração deles sorrateiramente e que o Senhor tenha usado essa situação perigosa para convencê-los de que eram totalmente vulneráveis e dependentes dele.

Ah, queridas amigas, esse ensinamento não se aplica diretamente ao nosso coração? Não nos comportamos de maneira totalmente igual quando somos colocadas nas mesmas circunstâncias alarmantes? Uma grande provação ou tentação irrompe como um temporal na serenidade de nossa vida e nos sufoca com a sensação de perigo e angústia. Ficamos aterrorizadas e trêmulas; não vemos nada a não ser o perigo que nos cerca. Lutamos contra a tempestade da melhor forma possível até perdermos toda a resistência e, então, recorremos ao Mestre com o grito amargo daqueles que estão prestes a perecer!

No entanto, a verdade é que Ele esteve — e está — conosco o tempo todo!

Não foi Ele quem prometeu que nunca nos abandonaria? Não há sempre livre acesso, pela fé, à Sua graciosa presença? Talvez Ele esteja na popa da embarcação, dormindo, e aparentemente sem se dar conta de tudo o que se passa ao Seu redor; mas o travesseiro no qual Ele repousa a cabeça é Sua própria Onisciência e, tão certo quanto Ele dominou os ventos e as ondas no lago da Galileia e deteve a tempestade com uma só palavra, evidentemente Ele controla todos os assuntos de Seus filhos e determina ou permite tudo o que lhes diz respeito. Uma fé sincera e inabalável nesse fato abençoado mantém nossa mente em perfeita paz, seja o que for que nos aconteça; essa fé eleva-nos acima de todo medo dos perigos e das tempestades da vida e esconde-nos "no seu tabernáculo".

Mestre amado, tu apresentas a cada um de nós a mesma pergunta que envergonhou Teus pobres discípulos medrosos: "Onde está a vossa fé?". E, da mesma forma que eles, ficamos sem palavras diante de ti, Senhor, porque não temos desculpas a oferecer-lhe pela nossa falta de fé; não temos sequer a mais leve alegação que eles poderiam ter usado. Eles mal sabiam que eras o Deus encarnado, portanto perguntaram entre si: "Quem é este homem?". Mas nós te conhecemos como o Cristo crucificado — que agora é o Senhor ressurreto — a quem todo poder foi dado no Céu e na Terra, e deves ficar atônito diante de nossa incredulidade.

É verdadeiramente estranho que o amor de Cristo, tão sem limites e tão infinito, seja aceito com tanta relutância por aqueles cuja única esperança se encontra na totalidade e na liberdade desse amor manifesto a eles. Não temos dificuldade em acreditar e sentir alegria no amor de uma pessoa que conhecemos; mas, quando o insondável amor de Deus nos é declarado, nós questionamos, ponderamos, usamos de subterfúgios e calculamos com uma obstinação que serve apenas para mostrar, de modo muito claro, a dureza e a incredulidade de nosso coração.

Ó amadas, vamos nos desvencilhar, com vergonha e aversão, dos laços desse cruel pecado da dúvida, que entristece o meigo coração de nosso Salvador e desonra Seu amor de forma ignominiosa! A pergunta comovente do Senhor: "Onde está a sua fé?" mostra claramente que Ele espera que tenhamos fé o tempo todo e que Ele se decepciona quando não encontra a fé que tanto valoriza em Seu povo escolhido.

18

Uma visão para homens e anjos

Dizendo isto, mostrou-lhes as mãos e os pés.
LUCAS 24:40

Senhor amado, como encontrar palavras sagradas e ternas o suficiente para expressar os pensamentos que colocaste em meu coração? Ó, ajuda-me, para que eu possa dizer somente aquilo que ouvi, vi e que minhas mãos apalparam da Palavra de Vida! Coloca Tua mão sobre a minha enquanto manuseio a pena, para que eu escreva apenas aquilo que ordenas e por Tua autoridade, porque tremo ao pensar na tarefa diante de mim!

É quase meia-noite, e vejo um pequeno quarto acima, repleto de gente ansiosa e aflita. Dois vieram de um vilarejo distante e têm uma história maravilhosa para contar, porque viram o Mestre bendito e conversaram com Aquele cuja morte vergonhosa por crucificação — três dias antes — encheu-lhes o coração de angústia e medo. Eles esperavam um fim diferente para aquela vida maravilhosa. Mas o que esta notícia significa? Ele realmente ressurgiu dentre os mortos? A alma agita-se dentro deles à medida que esse fato lhes é revelado. Um após o outro lembrou-se de que, enquanto Jesus estava no meio deles, Ele falou que seria visto novamente; e os dois homens que haviam acabado de chegar de Emaús afirmam que estiveram em Sua companhia, que o coração deles ardia enquanto o Senhor lhes falava, e que Ele "partiu o pão" com eles na ceia noturna, revelando-se desse modo a eles.

De repente, enquanto questionam e debatem o assunto, o próprio Jesus se manifesta no meio deles! Todas as vozes calam-se imediatamente e cada coração bate mais forte de medo quando mal se atrevem a reconhecer, naquela Presença majestosa diante deles, uma semelhança extraordinária com o ser humano humilhado e ferido, recentemente colocado na sepultura. Então, dirigindo-se a eles com a saudação usual do Oriente, Ele diz: "Paz seja convosco!". Porém, ao som de Sua voz, um grande pavor toma conta deles, deixando-os "surpresos e atemorizados", acreditando estarem vendo um fantasma. Ternamente, Ele os acalma e tranquiliza com palavras meigas e reconfortantes, e, então, como se estivesse impaciente por receber uma acolhida amorosa, Ele "mostrou-lhes as mãos e os pés".

Mestre bendito, aquela deve ter sido a mais maravilhosa de todas as visões que os homens ou os anjos testemunharam! O Criador de todos os mundos, que se sacrificou pelo pecado, está ali em pé, diante de Suas criaturas pecadoras! "Aquele que foi manifestado na carne" mostra-lhes as feridas que expiaram as transgressões deles! Esse fato vai muito além da compreensão!

Senhor, ilumina meu entendimento, para que eu conheça uma parte desse mistério poderoso do amor encarnado!

"Mostrou-lhes." Ó, a doce compaixão de Tua ação, Senhor Jesus, o amor inefável de Teu coração; quando estendeste Tuas mãos perfuradas e levantaste o manto que cobria Teus pés feridos, aqueles pobres discípulos incrédulos e assustados puderam ver os sinais dos cravos e, ao verem, creram e sentiram paz! Não foram aquelas Tuas feridas, ó Senhor, os símbolos benditos de Tua vitória sobre o pecado e a morte? E, ao mostrá-las, não foste o Vencedor glorioso que triunfou sobre todos os Teus inimigos e sobre os inimigos de Teu povo?

Minha alma, o teu Salvador também não lhe mostrou esses selos indeléveis de Seu amor redentor por você? E, ao vê-los, você não se deu conta da enormidade de sua culpa aos olhos de Deus, que somente pôde ser perdoada por um preço tão alto assim? Você não é capaz de ouvir o Senhor dizer: "Eu sofri tudo isso por você!"? Não é capaz de permanecer imóvel para contemplar tal visão e ouvir tais palavras? Não, é preciso que seu coração inteiro acompanhe a experiência daqueles discípulos a quem a estupenda revelação foi feita em primeiro lugar, porque está escrito que "eles ainda não acreditaram por causa da alegria e da admiração!".

"As mãos e os pés." Aquelas mãos que haviam realizado tantos atos meigos de misericórdia e aqueles pés que fizeram tantas jornadas exaustivas para ajudar, abençoar e salvar pessoas exibem agora as marcas do cruel sofrimento suportado em meu favor! Senhor Jesus, há uma mistura de amor e sofrimento em meu coração quando medito nas agonias desconhecidas de Tua expiação! Porque essas cicatrizes em Tuas mãos, em Teus pés e em Teu lado são apenas símbolos físicos externos da angústia, dos ferimentos e dos golpes espirituais em Tua alma por meu pecado!

Ó Amado celestial, minha fé te vê em pé naquela noite, na oculta majestade de Tua vida ressurreta, pedindo a eloquência daquelas "pobres bocas silenciosas" sobre Teu corpo sagrado, pedindo que aqueles a quem amaste "até a morte" cressem e confiassem em ti para a salvação de suas almas!

Minha alma, apresente-se novamente a seu Senhor ressurreto esta manhã e peça-lhe que lhe mostre mais uma vez algo do que Seu amor custou a Ele!

Seu perdão está em Sua paixão,
sua cura está em Suas chicotadas,
sua vida está em Sua morte!

As duas Marias "aproximando-se, abraçaram-lhe os pés e o adoraram". Você deveria fazer o mesmo; e, enquanto isso, com amor penitente e coração submisso, deveria adorá-lo. Ele a aceitará e lhe concederá graça para dizer: "Meu Senhor, e meu Deus!".

19

O Deus imutável

*Jesus Cristo, ontem e hoje,
é o mesmo e o será para sempre.* HEBREUS 13:8

Ó Deus Imutável! Ó meu coração inconstante e hesitante! Não é um de seus mais extraordinários privilégios o fato de você ter o Deus imutável? Não é o santuário abençoado onde suas asas cansadas podem recolher-se em descanso perfeito, sem ninguém por perto? Quando os amigos falham e o abandonam, quando as alegrias terrenas desaparecem, quando uma sensação da instabilidade das coisas mais firmes do mundo abala todo o seu ser com grande pavor e sua inconstância é a parte mais triste de todas, a imutabilidade de seu Senhor é uma torre de refúgio, na qual você pode entrar e agarrar-se sem medo à Sua promessa: "Eu, o SENHOR, não mudo".

Se o Espírito de Deus nos abrir a porta de nosso texto, poderemos entrar imediatamente nos lugares celestiais em Cristo Jesus. Logo na entrada, Seu nome é tão doce quanto os pingos de mirra; e nas ombreiras e vergas da porta vemos as manchas escuras e sagradas que contam a maravilhosa história da salvação mediante Seu sacrifício, e vida por Sua morte. Se começarmos a falar de Jesus Cristo — "do grande amor com que nos amou" e Sua morte expiatória por nós —, seremos rapidamente conduzidas ao "esconderijo do Altíssimo", onde descansaremos "à sombra do Onipotente". Nome bendito! É a chave-mestra para todos os portais do Céu, o mesmo "abre-te, Sésamo" das portas do Paraíso.

"Jesus Cristo é o mesmo." Pense no propósito totalmente invariável da existência, tanto humana quanto divina, de nosso Salvador. Pense em como Ele era na eternidade, assumindo o compromisso com Seu Pai de carregar nossos pecados e de nos imputar a Sua justiça; pense em como Ele foi na Terra, amando, abençoando, curando, compadecendo-se, salvando; pense em como Ele foi na vida, na morte, na ressurreição e na ascensão — esse Jesus é o mesmo hoje e o será para sempre! Ele nunca mudou, Sua ternura nunca variou, Suas compaixões nunca falharam. Que Ele nos capacite a entender o descanso e a firmeza eternos de Seus desígnios de amor e misericórdia, para que possamos confiar nele tão sem reservas quanto o Deus glorioso é digno de confiança.

"Ontem." O Senhor de toda a criação não tem limites de tempo. A Escritura diz: "Pois mil anos, aos teus olhos, são como o dia de ontem que se foi e como a vigília da noite". Então, para Ele, o ontem é nada mais que o ontem, uma vez que Ele deu Sua vida em resgate por nossa alma! Quanto Ele nos amou — "até a morte!". Seu coração estava repleto de terna piedade por nós. Foi por nós, pobres pecadores perdidos, que Ele suportou a cruz, carregou o terrível peso da ira de Deus, para que o perdão e a aceitação fossem possíveis para nós. E Ele nos ama hoje com o mesmo amor que ontem foi responsável por Sua morte! Será que esse pensamento não leva nosso coração a sentir paz e alegria por acreditar nisso? Não poderíamos descansar nossa alma sobrecarregada nesse Salvador imutável?

"Hoje". Ele está em Seu trono hoje, reinando e governando, com todo poder no Céu, na Terra e no inferno; mas ainda é "o mesmo Jesus". Ainda faz uso de Seu sacerdócio e clamando por Seu povo, chamando-os para segui-lo, purificando-os, abrindo seus olhos cegos e libertando-os da morte. Pensamos às vezes que, se pudéssemos ver o Senhor Jesus, cair a Seus pés, tocar a orla de Suas vestes e chorar todas as nossas tristezas em Sua amorosa presença, teríamos a plena certeza da fé e nunca, nunca mais, duvidaríamos dele. Ah! Isso seria visão, não fé — e talvez não o glorificasse da forma mais perfeita possível. "No qual, não vendo agora, mas crendo, exultais com alegria indizível e cheia de glória".

"E para sempre." Querida leitora, o que Jesus Cristo foi para você no passado? Você encontra alguma falha nele? Ele não a amou, perdoou e abençoou? Não foi paciente com você como somente o Deus gracioso poderia ser? O que Ele é para você hoje? Sua alma desolada ainda espera nele? Você tem outro pedido que não seja Seu mais precioso sangue, outra esperança que não seja Seu mérito? Ele já a dispensou e negou a misericórdia que você pediu?

"Ah, não!", você diz, "'Ele é toda a minha salvação e toda a minha esperança' e embora eu não tenha tratado nenhum outro amigo de forma tão vil, tenho provado que, assim como os Céus estão acima da Terra, assim é a Sua misericórdia para com os que o temem."

Então, permita que o passado lhe dê segurança para o futuro. Ele foi tudo para você, Ele é tudo agora, Ele será, não apenas amanhã — mas "para sempre".

Sua vontade jamais mudará,
Não importa como eu sou.
Eternamente Ele me amará,
Pois, isso, Ele já provou!
Minha alma é totalmente instável,
Mas o amor de Deus é imutável!

Livro 3

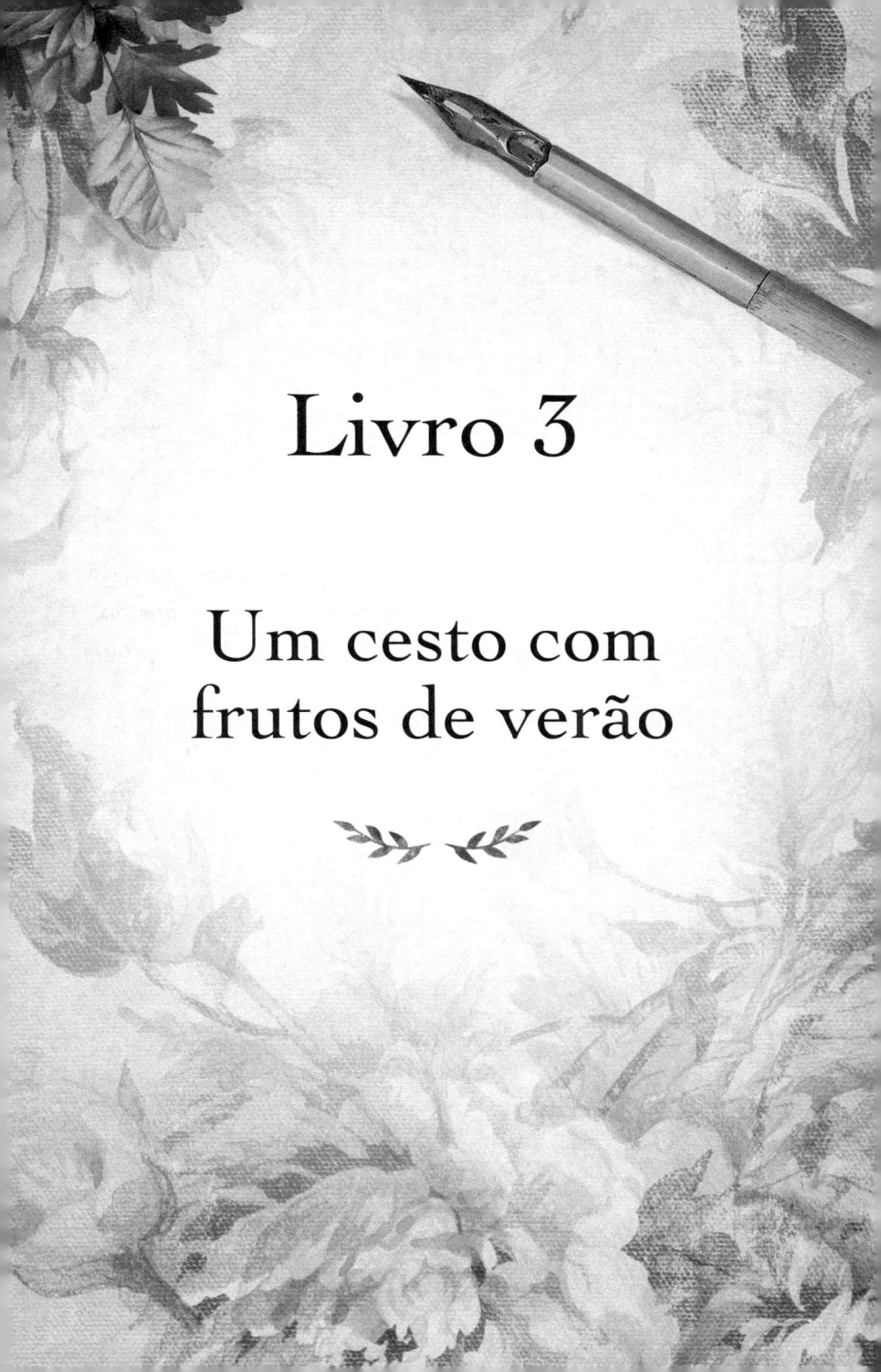

Um cesto com frutos de verão

de Susannah Spurgeon
(escrito após a morte de seu amado marido,
C. H. Spurgeon)

# 1

A rua do Agradecimento

*O que me oferece [...] ações de graças,
esse me glorificará.*

SALMO 50:23

"A época do canto dos pássaros chegou" e, desde manhãzinha até o pôr do sol, seus cantos suaves são um lembrete constante do dever e do encanto de agradecer. E a alegria do coração deles produz um trinado indicando seu júbilo pela luz do Sol, pelas flores se abrindo e pelas folhas se desenrolando; e eu ouço a mesma terna canção quando a chuva cai, quando os ventos frios sopram e quando as nuvens negras se movimentam impetuosamente pelo céu. Muitas vezes os pássaros no jardim cantam uma lição aos meus ouvidos atentos e repreendem meu tédio ou minha incredulidade, com seus cantos de alegria.

Ah, queridas amigas, algumas de nós louvamos a Deus de maneira medíocre. "Erigimos um Ebenézer" de vez em quando, mas infelizmente não obedecemos ao mandamento: "Alegrai--vos sempre no Senhor". No entanto, temos muitas coisas para louvá-lo, e que doce encorajamento recebemos por nossa gratidão quando Ele nos assegura: "O que me oferece ações de graças, esse me glorificará!". Lemos com muita frequência em Sua Palavra que Ele se agrada de nossos agradecimentos e canções! O louvor que rendemos é muito mais precioso para Ele do que o dos anjos, porque eles não podem louvá-lo pelo amor redentor, pelo pecado perdoado e pela esperança abençoada da glória da ressurreição.

Ó, não foi para o louvor eterno de uma aliança mantida por Deus que os pobres peregrinos, que vagavam pelo deserto e guerreavam constantemente com o mundo, com a carne e com o diabo, foram capacitados a cantar gloriosamente enquanto punham seus inimigos em fuga e venciam pelo sangue do Cordeiro? São os vencedores que aprendem a louvar. Os dedos que manuseiam a espada com destreza são os mais habilidosos para tocar a harpa. Toda vez que Deus nos dá vitória sobre o pecado, aprendemos uma nova canção com a qual louvamos e glorificamos Seu santo Nome.

Seu coração não bate mais rápido por saber que o Senhor se agrada de seu louvor? Em Seus ouvidos estão sempre ecoando as sinfonias eternas do Universo — aquele coro majestoso que começou "quando as estrelas da alva, juntas, alegremente cantavam, e rejubilavam todos os filhos de Deus"; mas Ele volta-se para você e, com infinita ternura e amor, inclina-se para ouvir os cânticos de gratidão de Seus redimidos, quando eles o glorificam por todos os Seus benefícios.

Os delicados cânticos entoados na Terra por um coração verdadeiramente agradecido e santificado precisam, penso eu, intensificar as antífonas da gloriosa melodia que sobem ao trono de Deus!

Você já deve ter ouvido falar do homem que fez uma notável mudança de residência, da "Esquina do Resmungo" para a "Rua do Agradecimento". E o resultado foi que seus amigos mal o conheciam porque...

"O ar de preocupação em seu rosto desvaneceu
E o feio franzido na testa desapareceu."

Sem presumir que exista uma necessidade para algumas de minhas queridas leitoras que deva ser removida de sua atual habitação, meu coração diz que devo lembrá-las da alegria de agradecer e dizer: "Engrandecei o Senhor comigo, e todos, à uma, lhe exaltemos o nome!". Que grande honra ao Senhor é oferecer "a Deus, sempre, sacrifício de louvor!". Estamos orando constantemente por uma coisa ou outra, quase sempre gastando egoisticamente nosso fôlego em uma longa lista de nossas necessidades e desejos; mas os agradecimentos ao nosso Deus gracioso são expressos rapidamente, e os louvores formam uma pequena parte de nossas devoções.

Não deveria ser assim — e não é como Deus gostaria que fosse. Usar diariamente a "veste de louvor" não significa apenas garantir nossa felicidade, mas cumprir o serviço abençoado de "glorificar a Deus". Orar é bom, mas louvar é melhor. O louvor é oração na mais rica frutificação, oração na mais alta espiritualidade, oração no lugar mais próximo do Céu. A oração é a linguagem da Terra, o louvor é a língua nativa dos anjos. A gratidão a Deus não é cultivada em nossos lábios e em nossa vida como deveria ser. Cada momento de misericórdia deveria tocar uma nota de louvor à medida que ele passa, e então nossos dias seriam um longo e contínuo salmo. O louvor tem poder para elevar a alma acima de toda preocupação, como se fosse asas.

Às vezes, quando nos sentimos indiferentes e desanimadas e as súplicas enfraquecem em nossa língua, um prelúdio de louvor desperta a música no interior do coração, levando-o a extravasar sua mais terna melodia. Somos muito propensas a aceitar nossas bênçãos e misericórdias diárias como direitos adquiridos, em vez de recebê-las como dádivas imerecidas da "graça redentora e do amor sacrificial" e depois devolver a Deus a maior gratidão de amor que nosso pobre coração é capaz de oferecer. Se, ao olhar para o dia de ontem, deixarmos de contar a longanimidade com a qual seus minutos foram acumulados, como será massacrante o retrospecto de nossa vida inteira diante do peso de nossa dívida para com o Senhor e, ai de nós, como será grande a sensação de culpa por termos esquecido "todos os Seus benefícios!".

Por ser esta uma "nota pessoal", sinto-me à vontade para dizer a vocês que, em meus momentos de solidão mais profundos e cada vez maiores, ainda encontro doce consolação em louvar a Deus por Seu propósito a respeito de meu amado e de mim, e tenho conseguido agradecer a Ele por ter tirado Seu amado servo deste mundo triste, pecaminoso e escuro e levá-lo a viver feliz na glória de Sua eterna presença. Ao fixar meu coração no fato abençoado de que tudo o que o Senhor faz é certo e o melhor, simplesmente porque Ele age assim, sinto a âncora presa nas profundezas de Seu amor, e nenhuma tempestade terá o poder de desatrelar o barquinho da fé dessas amarras. Ele é capaz de vencer qualquer tempestade se estiver ancorado em um porto como esse. Muitas vezes, quando o peso de minha enorme perda parece querer esmagar-me, sou revigorada pela lembrança de que, no Céu, meu amado está louvando ao seu Senhor com perfeição; e que, se eu puder, cantarei aqui mesmo na Terra para juntar-me a ele em culto santo e em adoração agradável ao Senhor.

Quantas de vocês, queridas leitoras, serão "mestres de canto" para nosso Deus, e decidirão que, de hoje em diante, Seu louvor estará continuamente em sua boca? Que cada uma de nós diga a Deus as mesmas palavras de Isaac Watts:

Bendirei Teu nome enquanto eu viver,
Meu Rei, meu Deus, com todo o meu ser;
Alegria e trabalho não haverão de mudar
Na mansão celestial onde um dia hei de morar.

2

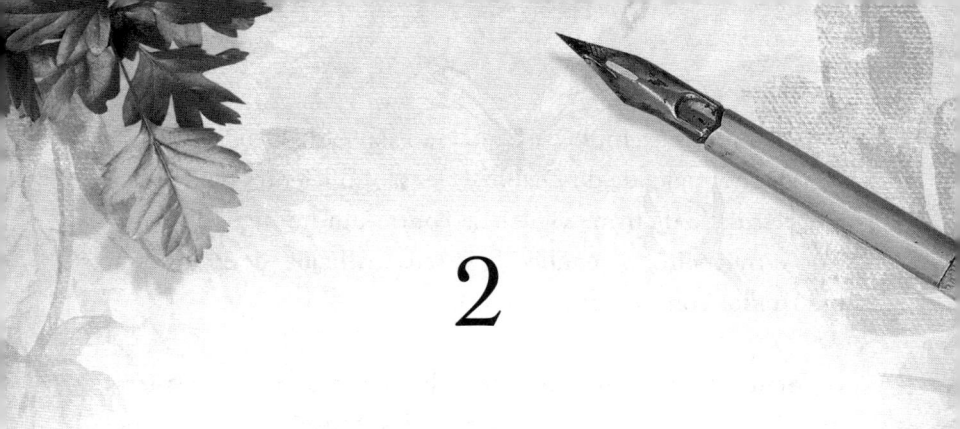

Nosso grande adversário

O diabo, vosso adversário.

1 PEDRO 5:8

A conversa em nossa refeição do meio-dia derivou para o horrível assunto do governo e do domínio do reino de Satanás no mundo. Alguém comentou o significado do título dado a ele na epístola aos Efésios, "o príncipe da potestade do ar", e disse que, se os cristãos ao menos conhecessem a força e o poder terríveis de seu arqui-inimigo, seriam mais vigilantes, mais constantes na oração e desejariam incessantemente permanecer em Cristo. Falamos em voz baixa e prendendo a respiração, como fazem os soldados em uma emboscada por medo de serem ouvidos, e cada um tinha uma experiência terrível para contar sobre a astúcia e a maldade do "acusador de nossos irmãos". O assunto deixou uma impressão solene no ar, e não desapareceu rapidamente.

Há muitos exemplos nos quais a Palavra de Deus reconhece o poder e a maldade do Diabo, e eles são suficientes para provar a necessidade de firme vigilância contra um inimigo tão poderoso e traiçoeiro. Se conhecemos seus artifícios, devemos estar preparados contra seus ataques.

Sentindo-me um pouco abatida diante da ideia da guerra incessante que deve ser travada e das constantes precauções que precisam ser tomadas contra o inimigo — e sabendo, além disso, por triste experiência, que o mesmo poder terrível tinha um aliado subserviente dentro de mim que poderia tentar e enganar minha alma com mais facilidade —, clamei a Deus por socorro e lembrei-me desta citação do Dr. Saphir: "Apesar de confiarmos no poder da morte de Jesus para cancelar a culpa do pecado, não exercitamos uma fé confiante e apropriada na onipotência do Salvador vivo para libertar-nos dos grilhões do pecado e do poder de Satanás em nossa vida diária. Esquecemos que Cristo trabalha em nós com grande poder e que, unidos com Ele, possuímos força suficiente para vencer qualquer tentação".

Era essa a palavra de força e graça de que eu necessitava, e certamente meu coração glorificou a Deus por isso. Sim, Satanás é forte; mas meu Senhor Jesus é mais forte que ele. O diabo pode odiar-me com toda a veemência de sua natureza maligna; mas "o amor é forte como a morte", e o amor de Deus em Cristo é minha proteção permanente.

Que bênção foi entregar esse fardo ao Senhor e, ao mesmo tempo, sentir a preocupação sair do meu coração pela fé na lealdade daquele que cuida de mim! "Na sombra da sua mão me escondeu." Estou protegida e em segurança. Toda a fúria do inferno não pode alcançar-me ali. As forças unidas do mal não se igualam à tarefa de destruir uma das ovelhas mais fracas do Senhor. "E ninguém as arrebatará da minha mão." Bem-aventurada confiança! Ela me faz cantar a canção de destemor de Toplady:

Sim, sim, perseverarei até o fim,
Tão certo quanto a promessa dada a mim;
Mais feliz, porém não mais amarrado,
Quando cada laço terreno for desatado.

3

A glória de Deus no deserto

> *Quando Arão falava a toda a congregação*
> *dos filhos de Israel, olharam para o deserto, e eis que*
> *a glória do Senhor apareceu na nuvem.*
> ÊXODO 16:10

Um amigo, que me escreveu da China, citou parte dessa passagem dizendo que ela lhe trouxe muita consolação e bênção em um período de provação e dificuldade. Ao recorrer à minha Bíblia, descobri que o contexto indicava que a aparição do Senhor, naquela ocasião específica, foi mais uma questão de medo do que de alegria, porque o povo havia cometido um pecado muito grave e só podia esperar o castigo justo por suas ofensas. Meu amigo, porém, por não estar debaixo da Lei, mas debaixo da graça, procedeu corretamente, creio eu, ao comer o mel do corpo do leão morto [N.T.: JUÍZES 14:5-9]. Para ele, a glória envolta na nuvem significava apenas libertação, segurança e paz.

No entanto, de que direção estranha veio a gloriosa visão! Eles "olharam para o deserto". Não era um cenário de grande alegria, certamente! Não era um lugar provável para o qual alguém teria olhado com naturalidade a fim de ver uma revelação da presença divina! Um lugar solitário, inabitado, infrutífero e sem beleza; uma terra erma e árida, onde o Sol castiga de dia, e a Lua, de noite; um lugar onde os animais selvagens se agrupam e as serpentes e as corujas habitam em segurança. No entanto, Deus escolheu aquele deserto para revelar-se; e o povo vê, em meio a toda aquela desolação e abandono, nada menos que "a glória do Senhor".

É maravilhoso ver como as Palavras de Deus são repletas de abençoadas possibilidades de manifestações e revelações. No entanto, por mais obscura e indistinta que a passagem pareça ser à primeira vista, ela brilha com o fogo oculto quando o Espírito do Senhor sopra sobre ela, e os olhos da fé e do desejo de aprender analisam seus detalhes com mais profundidade. Sem dúvida, você conhece a alegria deste entendimento, querida leitora. Um texto que você leu centenas de vezes sem perceber nada de especial nele adquire vida de repente, por assim dizer, para você, e fala ao seu coração como se fosse a voz do próprio Deus!

Meu amigo teve essa experiência maravilhosa com o versículo no qual estamos meditando; e você se admira disso? Não pode ter uma experiência semelhante?

Pense em seu passado e veja se consegue lembrar-se das muitas vezes em que você "olhou para" um deserto de provação, tristeza ou aflição, que se encontrava diretamente em seu caminho, mas sem a expectativa de ver "a glória do Senhor" ali. Olhe para tudo o mais que você viu — a escuridão, o desconforto e o perigo — e que lhe causou um grande medo.

No entanto, também é verdade que, onde e quando você mais precisou dele, o seu Deus abençoado se fez presente; e, pouco tempo depois, seu deserto árido floresceu como a rosa!

Então, também, com aquela infinita compaixão por nossa fraqueza, Ele se manifesta! Sua glória revelada nos cegaria, portanto Ele a faz aparecer "na nuvem". Com a mais terna das condescendências, o Senhor digna-se a envolver Seu esplendor em um véu enevoado de luz, para que o brilho de Sua presença possa resplandecer através dele, sem ofuscar nossa visão.

Então, não tenha medo de olhar para o deserto se Deus a colocou lá; porque ali estão as antigas ordens de Deus de "seguir em frente" e, mesmo assim, Ele dá a "iluminação do conhecimento da glória de Deus, na face de Cristo".

4

Um paradoxo da providência

E dali nos tirou [...] para nos levar.
DEUTERONÔMIO 6:23

"Amado Senhor, esse é um paradoxo de Tua providência, que manifesta e magnifica a gloriosa soberania de Tua graça! Dá-nos essa confiança verdadeira e terna em ti, para que Tuas 'formas de agir' nunca nos causem perplexidade nem nos aterrorizem; ao contrário, abre e descobre para nós o Teu amor pactual. Permite que aprendamos a entender Teus caminhos para nós, como um leitor habilidoso interpreta um livro de excelente qualidade, vendo as sentenças antecipadamente, por assim dizer, e tendo dessa forma uma clara e contínua impressão da mente e do propósito do autor."

A lição exposta diante de nós pode ser: "Ele nos despedaçou, Ele nos fez a ferida", "Ele machuca, Ele fere"; e, em nossa experiência, podemos sentir quão dolorosa é a verdade ensinada dessa maneira. Mas, se os olhos da fé puderem discernir as preciosas palavras que se seguem: "Ele sarará", "Ele a ligará", "Suas mãos restaurarão por completo", seremos fortalecidas para suportar com paciência a provação que certamente terminará em triunfo; e diremos: "Ah, Senhor! Tu apenas franzes a testa, para tornar Teu sorriso mais doce! Porém, matas para dares vida! Bendita ferimento, gracioso sofrimento, que nos coloca sob o amor e os cuidados do grande Médico!".

O ferimento vale a pena ser curado
Por mãos que o tocam tão meigamente;
Dores e sofrimentos terminam docemente;
Senhor, para sempre és digno de ser louvado.

"E dali nos tirou." Esse é outro aspecto do mesmo assunto, embora se refira principalmente, é claro, à libertação dos israelitas de seus cruéis algozes. Mas, às vezes, o Egito não é uma terra de escravidão para nós, mas um país de prazeres carnais, onde desejamos permanecer porque nossas paixões estão emaranhadas e nosso coração está firmemente acorrentado lá pelos pepinos e melões do mundanismo e da vaidade. Essas coisas fecham-se ao nosso redor rapidamente, envolvem-nos com uma obscuridade confusa e restringem verdadeiramente todo crescimento e aspiração espirituais. Se somos realmente povo de Deus, precisamos ser "tirados" dessa triste condição, para que Ele solte essas gavinhas [garras], destrua nossas trepadeiras e nos conduza ao deserto, onde Ele nos ensinará a servi-lo; e, depois de uns tempos, Ele nos "levará" para nossa terra, a Canaã Celestial.

Deus precisa "tirar-nos" do nosso eu, do pecado e da escravidão imposta por Satanás antes de poder "levar-nos" à santidade, ao perdão e à liberdade com a qual Cristo nos tornou livres. Em muitas ocasiões o Senhor precisa agitar nosso ninho, e "tirar-nos" de um refúgio terreno que se tornou muito confortável e muito querido para nossa alma. Mas, da mesma maneira que a música soa mais doce quando ouvida através das águas, as formas de agir do Senhor tornam a harmonia mais pura em nosso coração quando nos alcançam acima das ondas da angústia e da provação. Quando uma alma provada e tentada permanece em Deus e canta em meio à enchente ou ao fogo, esse louvor precisa ser, penso eu, mais glorioso e mais glorificante a Ele e à Sua poderosa graça que as aleluias dos anjos no Céu.

"E dali nos tirou." Observe a ternura de nosso amado Senhor e Pastor; Ele não nos "força" de modo algum — nem "para dentro", nem "para fora". Não! "As ovelhas ouvem a sua voz, ele chama pelo nome as suas próprias ovelhas e as conduz para fora. Depois de fazer sair todas as que lhe pertencem, vai adiante delas, e elas o seguem, porque lhe reconhecem a voz" (JO 10:3,4). Que Deus permita que essas palavras sejam verdade para você e para mim, querida leitora! Que nunca hesitemos em ir aonde Ele nos levar, nem sintamos que a estrada é acidentada ou escura demais ao ouvirmos Sua doce voz nos chamando para sair!

E quem pode imaginar o que o "levar" será daqui a pouco tempo, quando, depois de todos os trabalhos árduos, dores e tristezas da peregrinação terrena, chegarmos à casa do Pai, onde todas as lágrimas serão enxugadas e entraremos na bem-aventurança sem fim!

Aquelas de nós, que têm pessoas muito queridas e amadas que já "atravessaram o rio", imaginamos sempre como é a herança delas e o que o "eterno peso de glória" significa para elas; porém nosso mais alto voo de imaginação está distante demais da gloriosa realidade. Somente depois que o Senhor nos tirar do rio da morte e nos levar para a Terra de Emanuel é que conheceremos a alegria que lá nos aguarda!

Lembro-me de ter ouvido falar de um homem consagrado a Deus que, enquanto agonizava, foi perguntado se tinha algum medo. "Não", ele disse, "não tenho medo nenhum, porque Cristo me salvou pelo Seu sangue precioso; mas estou consciente de sentir uma curiosidade interessante e solene. Não vejo a hora de aprender os segredos do Céu e conhecer, por conta própria, as coisas que Deus preparou para aqueles que o amam".

Alma querida, aquele homem não teve de esperar muito tempo, porque, muito rapidamente, as portas se abriram — e ele entrou!

5

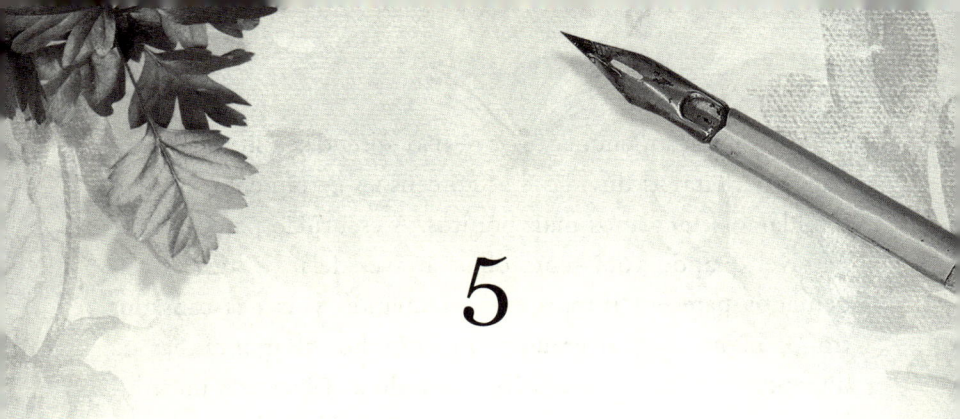

Fé suficiente

> *O Senhor, teu Deus [...] trocou em bênção a maldição, porquanto o Senhor, teu Deus, te amava.*
> DEUTERONÔMIO 23:5

Aqui, minha alma, nesta mais doce promessa, você encontrará uma explicação de seu Senhor para todas as maneiras como Ele a trata, sejam suaves ou severas. Nesta peregrinação terrena, você encontra tantas experiências e providências inexplicáveis e misteriosas que se sente induzida a dizer: "Por que esta provação, Senhor? Por que esta aflição? Por que esta decepção com todas as minhas esperanças e planos?".

Bendito seja o nome do Senhor pela resposta completa e surpreendente nesse precioso versículo para todas as perguntas que me podem perturbar por casa de meu coração duvidoso ou fé hesitante! Pode ser que minha mente finita falhe em entender os caminhos de Deus; mas, se já creu que Ele me ama, isso é fé suficiente.

Meu coração, enquanto você não aprender a lição da confiança perfeita, as dúvidas e as apreensões certamente surgirão e toldarão seus planos mais bonitos. A escuridão parece impenetrável quando você tenta olhar através dela; os lugares acidentados parecem intransponíveis quando seus pés cansados tropeçam nas pedras grandes no caminho, as montanhas da dificuldade parecem inacessíveis quando as névoas da incredulidade cobrem suas verdadeiras proporções. Verdadeiramente, o Senhor é um Deus que se esconde; e, muitas vezes, Seus propósitos são realizados em nós sob o manto de densas nuvens, no qual Ele se envolve.

No entanto, como uma estrela brilhante em meio às trevas, como uma lâmpada para meus pés e luz para o meu caminho são as palavras benditas deste texto divinamente iluminado: "porquanto o Senhor, teu Deus, te amava!". Ele elimina todas as dúvidas por completo, enxuga todas as lágrimas, é remédio para todos os medos, um refúgio para toda angústia! Não existe nenhuma garantia mais doce do que esta capaz de encher meu trêmulo coração de alegria e nenhum lugar de descanso mais macio do que este pode ser encontrado para um pecador exausto e sobrecarregado.

Saber, com certeza, que todas as formas que Deus age comigo são aquelas de um Pai amoroso em relação a uma filha querida e muito amada; ter certeza absoluta de que toda tristeza esconde uma bênção, porque Ele assim designou; olhar para a dor, o sofrimento e as experiências amargas como consequência de um amor tão infinito que não consigo sequer imaginar — isso é "habitar no esconderijo do Altíssimo", isso é "descansar à sombra do Onipotente!".

Se pudéssemos ir ao encontro de cada aflição, grande ou pequena, com a corajosa confiança no amor poderoso de nosso Deus por nós e com uma fé insaciável em Seu poder, nossas provações desapareceriam totalmente ou seriam transformadas em triunfos que trariam honra ao nosso Rei!

Normais são as angústias e as tribulações,
A dor é agradável, e leves são as aflições
Quando Cristo habita em nosso coração.

Meu coração se derrete dentro de mim, Senhor, quando, com a ajuda de Teu Santo Espírito, sou capaz de ter um vislumbre daquele amor maravilhoso que tens por mim, essa criatura tão indigna e tão vil. Às vezes, parece "bom demais para ser verdade", que eu — apesar de todas as minhas imperfeições e falhas, e apesar de toda a minha dureza de coração e indiferença culposa — seja merecedora de tal favor gratuito e imerecido! Senhor, abre-me o entendimento e o coração para que meu amor possa brilhar no Teu amor e tenha uma abençoada compreensão do que Tua graça significa realmente para minha pobre alma!

Um escritor da atualidade fala de modo muito enérgico sobre esse assunto com as seguintes palavras:

A graça de Deus é o amor sem obstáculo, maravilhoso e ilimitado de Seu coração, derramado sobre Seu povo de infinitas maneiras, sem limite ou medida — não de acordo com nosso merecimento, mas de acordo com Seu infinito coração de amor! Isso não sou capaz de entender, porque insondáveis são suas alturas e suas profundidades! O amor de Deus é infinitamente terno, autossacrificial, dedicado, paciente e ansioso por distribuir generosamente as melhores dádivas e bênçãos para aqueles que Ele ama. Reúna todo o amor mais terno que conhecemos, o amor mais profundo que já sentimos e o amor mais forte que já foi derramado sobre nós — e empilhe sobre ele todo o amor dos corações humanos do mundo, e depois o multiplique infinitamente —, aí começaríamos a ter, talvez, um leve vislumbre do amor e da graça de Deus por Seu povo!

"E, assim, habite Cristo no vosso coração, pela fé, estando vós arraigados e alicerçados em amor, a fim de poderdes compreender, com todos os santos, qual é a largura, e o comprimento, e a altura, e a profundidade e conhecer o amor de Cristo, que excede todo entendimento" (EFÉSIOS 3:17-19).

Senhor glorioso, tal amor sem medida e maravilhoso é verdadeiramente incompreensível; mas peço que Teu gracioso Espírito me fortaleça os olhos da mente, de modo que eu possa ver um pouco mais da glória e da beleza de Tua intensa graça e que Ele capacite as mãos de minha fé, para que agarrem com toda força a consolação perpétua que se encontra em Teu amor eterno, imutável e pactual em Cristo Jesus! Quando, em resposta às sugestões céticas de meu coração maldoso ou às insinuações mal-intencionadas do inimigo de nossa alma, eu sou capaz de dizer com confiança: "Isso tudo porque o Senhor me amava", torna-se evidente que a fé apagou os dardos inflamados, que me coloco sobre uma rocha, cujos poderes da Terra ou do inferno não podem mover, que estou escondida em um pavilhão inatacável pelo inimigo mais ardiloso. Tenho uma fonte transbordante de alegria no coração que nenhuma estiagem é capaz de secar, e nenhuma impureza é capaz de poluir."

Como seriam diferentes as condições e conclusões se meu amor por ti tivesse dependido do conforto de minha vida diária e da segurança de minha alma! Ai de mim, porque eu só poderia dizer: "Meu amor por ti é indigno de ser mencionado, por ser tão frio, tão fraco e tão inconstante". Mas Teu amor por mim é um "amor eterno", imutável e cheio de ternura e compaixão. Se eu pudesse escrever como um serafim, poderia, talvez, ser capaz de compor uma parte do que minha alma vê a respeito das possibilidades do amor de meu Deus:

Mas sou falha e digo com tremor
Palavras tolas, indignas de Seu valor.

O querido cantor que disse: "Precisamos morrer para falar de Cristo", tentou em vão fazer ecoar as profundezas desse oceano de graça. Descobriu que era como um poço sem fundo. Jamais, enquanto não o virmos como Ele é, seremos capazes de "compreender [...] qual é a largura, e o comprimento, e a altura, e a profundidade e conhecer o amor de Cristo, que excede todo entendimento!" (EFÉSIOS 3:17-19).

Agora, minha alma, de hoje em diante, decida responder a todos os "por quês" e a todos os "porquantos" que causam perplexidade à sua vida, com esta simples afirmação: "Porque o Senhor me amava!". Essas palavras garantirão libertação completa de seus medos todas as vezes que você as usar com fé; e seu Senhor e Mestre será grandemente honrado por esse ato de lançar-se à Sua Palavra e promessa. Você pode imaginar uma condição mais bem-aventurada que a de estar tão protegida e cercada por Seu amor, que nenhuma dúvida, nenhum medo, nenhum questionamento a respeito de Seu meigo propósito poderá tocá-la ou prejudicá-la?

6

À sombra das asas de Deus

À sombra das tuas asas me abrigo.
SALMO 57:1

*Q*ue conforto a sombra traz, e que abrigo ela nos proporciona!

Essa passagem despertou em mim um interesse pessoal, porque eu a escolhera como lema para comemorar a data de nascimento de meu amado — 19 de junho; e nessa data escrevi a esse respeito:

O texto de hoje é muito precioso para mim, porque, embora meu amado esteja desfrutando todo o esplendor da luz da face de Deus, enquanto eu estou apenas "à sombra de Suas asas", que grande bênção sentir alegria nesse refúgio "até que passem as calamidades!".

É uma grande graça da parte do Senhor usar a familiar ilustração de "asas" e "penas" em sua Palavra para consolar Seu povo. A pessoa mais simples, bem como a mais triste, é capaz de entender sua beleza. Tenho presenciado muitas vezes, em benefício próprio, as aves no terreiro de minha propriedade e aprendi com elas que, em tempos de aflições, grandes ou pequenas, o lugar mais seguro do mundo é "sob as asas".

Os pintinhos sabem muito bem disso! Quando o menor barulho os assusta ou quando os pingos da chuva começam a cair com força, eles correm rapidamente em direção às asas da mãe em busca de abrigo e proteção, e não vemos nada mais do que um grande número de pezinhos apressando-se na ânsia de chegar o mais perto possível do peito quente que os acolhe!

Às vezes, eu me atrevo a reivindicar tal experiência! Não satisfeita com o abençoado fato de que estou escondida "debaixo de Suas asas", minha fé aninhou-se, por assim dizer, no coração amoroso que me envolveu, e encontrei tal brilho de amor eterno ali que todas as doenças e males do mundo pareceram ficar de fora. Ó, que essas ocasiões sejam menos raras!

Mas, se algumas almas medrosas e aflitas lerem estas poucas linhas, quero sussurrar-lhes que corram imediatamente ao seu Deus "quando a aflição chegar e o perigo atemorizar". Estamos muito seguros quando "cobertos com Suas penas"; somos muito queridos, consolados e acolhidos, muito defendidos de tudo que possa nos causar dano.

Em certo lugar, o texto diz: "Esconde-me à sombra das tuas asas". A galinha esconde realmente seus pintinhos de qualquer inimigo por perto, mas Deus é um esconderijo impenetrável para Seu povo. Certamente este é o significado das palavras do salmista quando ele escreve: "No esconderijo das tuas asas, eu me abrigo" (SALMO 61:4).

Não é triste constatar que, às vezes, permanecemos de propósito na chuva e na tempestade, enfrentando perigos desconhecidos, quando temos, o tempo todo, um abrigo tão acessível?

7

O vigia noturno

Vigiarei para ver o que Deus me dirá.
HABACUQUE 2:1

Um cartão para o ano-novo menciona o texto acima com a representação de um homem armado e em pé no muro de uma fortaleza em postura de intensa expectativa e vigilância. Com a mão, ele levanta a viseira para que possa enxergar melhor a escuridão que o envolve. Pode ser que ele esteja esperando o dia amanhecer ou tentando ver a aproximação de um inimigo ou, ainda, aguardando a chegada de amigos, mas, de qualquer forma, toda a sua atitude sugere uma vigilância paciente e de espera, de um perigo negligenciado e do dever nobremente cumprido.

No entanto, não é para esse guerreiro descrito que eu gostaria de chamar sua atenção, como o texto parece ilustrar. Você notou, querida leitora, a forma singular de expressão usada aqui? "Vigiarei para ver o que Deus me dirá". Vigie para ver o que Deus diz! É nesse ponto que está a singularidade da exclamação do profeta, porque, se ele tivesse "esperado para ouvir", não teríamos encontrado nada de extraordinário na frase.

Mas Deus quase sempre falava por sinais a Seu povo naquela época, e Habacuque estava, sem dúvida, acostumado a procurar indicações de Sua mente e vontade em todos os arredores da natureza e da Providência. "Como os olhos dos servos estão fitos nas mãos dos seus senhores", da mesma forma os olhos do profeta aguardavam no Senhor, seu Deus; e enquanto ele se encontrava em sua torre de vigia, Deus lhe revelou os "sigam avante" do Senhor, e instruiu Seu servo por meio de sinais e maravilhas no céu, na terra e no mar. Quem consegue ler, no terceiro capítulo desta profecia, as gloriosas descrições das visões panorâmicas celestiais sem ficar pasmo e emocionado diante de tal grandiosidade?

Aqueles antigos dias de visões e profecias não existem mais; porém, será que nosso Pai amoroso não fala até hoje com Seus filhos, embora de forma mais gentil, por meio daquilo que eles veem, de maneira tão certa e verdadeira como se uma voz lhes chegasse até os ouvidos? Penso que sim; e para explicar o que penso, relatarei um incidente que me aconteceu e que interpretou, com toda força, ao meu coração as palavras do profeta inspirado.

Ao despertar de um sono tranquilo, pouco depois da meia-noite, fui impelida a sair de meu leito quente e abrir uma parte das cortinas de minha janela. Obedeci ao impulso e fui recompensada com uma visão, um tanto comum, mas tão repleta de significado espiritual para minha alma que ficará gravada em minha mente enquanto eu viver.

O céu estava escuro e carregado, sem nenhuma estrela à vista. O manto negro da noite cobria a Terra e parecia pesado em sua densa obscuridade. As luzes dos vilarejos e cidades distantes piscavam fracamente, e um silêncio profundo tornava a escuridão mais opressiva. Porém, em uma parte do firmamento, as nuvens haviam se dividido em uma linha longa e estreita, como uma abertura ou fenda nas montanhas da escuridão; e ao longo daquele caminho, a Lua navegava como se fosse uma embarcação de prata atravessando um rio de luz, enquanto, de cada lado, as nuvens volumosas se iluminavam com brilho celestial.

Tão grande era o contraste entre a escuridão geral do céu e o brilho das nuvens divididas que foi como se as portas de pérola do Céu tivessem sido abertas e, através delas, surgiu o rio de luz daquela Cidade que "não precisa nem do sol, nem da lua, para lhe darem claridade, pois a glória de Deus a iluminou, e o Cordeiro é a sua lâmpada".

Tenho presenciado, com frequência, visões magníficas e gloriosas ao contemplar as nuvens, quando as imagens de inexpressível beleza se formam sob meu olhar atônito. Picos nos Alpes, neves e geleiras, aparentemente tão reais quanto as realidades sublimes, exibem, por algum tempo, suas proporções magníficas; e, depois, derretem-se formando verdes lagos encantadores; montanhas lilases, areias douradas e rios brilhantes e, às vezes — embora com mais raridade —, enquanto olho para o firmamento com olhos fascinados, regimentos inteiros de anjos passam voando rapidamente ou reúnem suas legiões brilhantes para a batalha ferrenha com as forças opositoras do "príncipe da potestade do ar".

No entanto, aquela cena da meia-noite foi menos imaginativa, mais real, mais espiritual do que qualquer outra coisa que eu presenciara. Deus parecia estar dentro dela, e o local onde eu me encontrava era solo sagrado.

A aparição de uma luz tão pura, tão imaculada dando brilho a um céu escuro e ameaçador — a posição estranha do caminho longo e iluminado no céu e o resplendor incomum das nuvens delineando aquele caminho — tudo aquilo apresentou uma visão tão sublime e celestial que meu coração foi tomado de êxtase e humildade na própria presença de Deus, e minha alma disse: "Certamente este não é outro lugar senão a casa de Deus, e esta é a porta do Céu".

Continuei por algum tempo com os olhos fixos na visão celestial, adorando e admirando, "vigiando para ver o que Deus me diria", tentando decifrar as palavras que o Céu sinalizava à Terra e adorando com reverência amorosa o meigo Pai, cujo amor, cuidado e fidelidade estavam escritos nas letras de luz naquele céu negro e ameaçador.

Então, com solene sentimento de temor reverencial sobre mim, como se eu quase tivesse visto as portas abertas da Cidade Celestial e ouvido os cânticos dos redimidos, voltei de mansinho para minha cama, tremendo, mas confiando feliz no Senhor e alegrando-me em meu Deus. As espessas cortinas de minha janela deixaram de fora a luz e a escuridão, mas a gloriosa visão havia feito seu doce trabalho em meu coração — eu vi as palavras por meio das quais o Senhor consolou e animou minha alma, e caí imediatamente em um sono tranquilo e restaurador.

Estará alguma de minhas leitoras passando por aflições tão grandes que tudo ao redor de si parece negro, denso e ameaçador como aquele notável céu da meia-noite? Peço-lhe que vigie para ver o que o Senhor lhe dirá. E se vigiar com o desejo verdadeiro de ouvir e obedecer, você certamente verá a luz de Seu amor dividindo a profunda escuridão e os sinais de Seu grande poder aparecendo para tranquilizar seu espírito debilitado.

Não existem nuvens tão espessas capazes de obscurecer Sua luz gloriosa se Ele ordenar que ela brilhe; não existem aflições tão negras e assustadoras capazes de atemorizar a alma de contemplar o brilho de Sua graça e a verdade quando Ele as revela; e o mais fraco de todos os Seus filhos pode sempre confiar que Ele cumprirá a bendita promessa contida em Sua Palavra: "Tornarei as trevas em luz perante eles".

E, ó!, como parecem pequenas e leves as nossas maiores tristezas, perdas e aflições quando iluminadas pelos raios brilhantes do Paraíso! E lá, para onde em breve iremos, não há nuvens, nem trevas, nem noites de dor, nem dias de tristeza; há, afinal, apenas um véu escuro e fino que nos separa do "lindo lar nas alturas". Parte da mensagem especial que minha alma recebeu naquela noite foi que o Céu estava muito perto, e a porta, escancarada! As nuvens se desmancharam, o chamado foi dado e, sem demora, meu espírito resgatado...

Correrá com alegria o caminho de luz
Para poder abraçar meu amado Jesus.

Portanto, pobre e medrosa filha de Deus, anime seu coração, se existe alguém nessa condição lendo meu livro! Você talvez não seja capaz de ver seu caminho na Terra; mas olhe para o

Céu e contemple-o com amor por longo tempo. Você não precisa ver o caminho abaixo, porque o Senhor disse que a guiará, e você sabe que as trevas e a luz são a mesma coisa para Ele. Coloque sua mão na dele e confie nele, porque "guiado por Sua luz, você caminhará através das trevas".

Lembre-se também de que Ele espera que você vigie. Aquela visão encantadora no firmamento estava lá quando afastei as cortinas; não sei por quanto tempo essa glória esteve brilhando, porque o amado Senhor pode ter tido centenas de "vigias noturnos" a quem Ele falava por meio dessa glória; mas sei, com certeza, que, se eu tivesse "cruzado os braços" de novo para dormir e deixado de ir à minha torre de vigia, teria perdido a bênção que ela me trouxe. Quando penso nisso, meu coração se lembra da doçura do texto: "Por isso, o Senhor espera, para ter misericórdia de vós" e aprendo e ensino alegremente esta lição: podemos perder as manifestações de amor e cuidado de nosso Pai pelo fato de simplesmente não olhar para elas.

Vigie, então, e espere, querida leitora, "vigie para ver o que Deus lhe dirá", e espere com grande expectativa "antes que refresque o dia e fujam as sombras", porque "o Senhor será a tua luz perpétua".

8

Andando no Espírito

*Se vivemos no Espírito,
andemos também no Espírito.*

GÁLATAS 5:25

Tenho ouvido falar de algumas pessoas que se orgulham abertamente de que sua religião é, e deveria ser, confinada às paredes da igreja, e que elas não buscam nem desejam que a religião tenha ligações com sua vida diária nem com seus deveres ou prazeres. Vão à igreja nas manhãs de domingo, realizam várias genuflexões piedosas, ouvem algumas palavras selecionadas, proferidas em tom brando por sacerdotes paramentados, pagam um pequeno tributo à divindade que talvez possa exercer alguma influência em seus afazeres, e a quem, portanto, é justo, bem como propício, oferecer uma moeda; fazem tudo o mais rápido possível e sentem-se livres para seguir o próprio caminho. Fartam-se de comer no restante do dia e durante a semana subsequente com a maior avidez possível por ganho, ganância e divertimento mundano! O fato em si não é novidade, mas penso que a vanglória descarada disso é uma nova característica e um sinal muito significativo dos tempos — tempos de desonra a Deus e de exaltação do homem — nos quais vivemos.

Há outra categoria de pessoas, cuja visão espiritual não é tão obscurecida a ponto de levá-las a confundir o mal com o bem, como aquelas descritas acima, mas que, de tanto imitá-las, carecem do alto padrão de vida santificada e piedosa que assegura "uma consciência pura diante de Deus e dos homens". Elas são descritas apropriadamente em um trecho que li em um dos livros do Sr. Andrew Murray:

> Quanto sofre o nosso cristianismo pelo fato de estar confinado a determinadas horas e lugares! O homem, que busca orar sinceramente na igreja ou no quarto, passa a maior parte da semana ou do dia de uma forma totalmente diferente da qual ele orou. Sua adoração tem um lugar ou um horário fixo e deixa de ser a consequência abençoada de todo o seu ser espiritual.

Queridas amigas, a qual dessas duas categorias vocês e eu pertencemos? Faço a pergunta a mim mesma e descubro que, embora eu possa ser inocente da primeira acusação, da segunda tenho de declarar-me "culpada" perante Deus.

Quando nos ajoelhamos diante do Senhor em oração na primeira hora do dia, parece tão fácil odiar o pecado e permanecer no Senhor que, ao olhar para as provações e perplexidades do dia, pensamos que somos capazes de superá-las. Há uma ternura no coração, uma submissão à vontade de Deus, uma avidez por ter comunhão com Ele e um desejo de ser aceitável diante dele; e tudo isso é muito agradável e precioso.

Mas, infelizmente, quando saio do "propiciatório" e dou início ao meu trabalho diário, a maior parte disso desaparece como um lindo sonho! Em geral, quando revejo um dia que começou tão auspicioso, descubro, para minha consternação, que Deus não esteve presente em todos os meus pensamentos, que o pecado invadiu sorrateiramente as áreas mal administradas, que muitas coisas foram ditas e feitas contrariando a lei da bondade; e que, no sentido espiritual mais elevado, o dia foi um grande fracasso.

O espírito humilde, confiante e agradecido, que parecia caracterizar a hora silenciosa com Deus de manhã, não acompanhou todos os eventos e experiências do dia; a resolução de "ter o SENHOR sempre à minha presença" foi esquecida por alguns momentos, e permiti que as perplexidades e as tristezas com os cuidados terrenos, sim, e até a fumaça do altar de sacrifício e serviço, obscurecessem a visão de minha alma e escondessem, pelo menos por algum tempo, aquele objetivo glorioso que pressiona meu coração quando sinto estar na presença de Deus.

Vocês não deveriam, minhas queridas leitoras, muitas de vocês, unir-se a mim para fazer a mesma triste confissão? No entanto, não deveria ser assim. Se o Espírito de Deus habita em nós, um modo diferente de vida não é apenas possível, mas ordenado por Ele. Se oramos no Espírito, precisamos andar no Espírito também; e "a suprema grandeza do seu poder para com os que cremos" é mais que proporcional a qualquer pressão que nossos cuidados ou circunstâncias possam nos levar a suportar.

Certamente, poderíamos nos conscientizar da presença próxima do Senhor Jesus, hora após hora e minuto após minuto. Seria o Céu na Terra. Mas, às vezes, até nosso trabalho para Ele absorve de tal modo o pensamento e o coração que nos esquecemos dele. Os doces "planos e sentimentos" desaparecem quando o peso e o calor do dia sufocam tanto a alma quanto o corpo.

No entanto, estou certa de que não deveria ser assim. Cristo diz: "Permanecei em mim", e Ele não me pediu que fizesse algo impossível. "Jesus bendito, estende Tua mão e leva Tua pobre pomba tola e agitada para dentro da arca de Teu amor!"

Que revolução haveria em todos os círculos cristãos se os pensamentos, as palavras e as ações de cada um de nós, durante o dia inteiro, tivessem a fragrância e o frescor dos momentos de doce comunhão com nosso Mestre! É bom falar com Deus; mas é muito melhor andar com Ele. Se somente falarmos com Ele, poderemos enganar a nós mesmas; mas, se andarmos com Ele, isso jamais acontecerá!

Bem, queridas amigas, não podemos endireitar o mundo; não temos poder para persuadir nem convencer as multidões de seus erros de doutrina ou prática; mas podemos ter o cuidado de andar "dignamente com Deus", e deixar que nossa luz brilhe de forma tão intensa que todos verão com mais clareza o caminho para a Cidade Celestial, visto que nós o trilhamos.

Senhor, desejo sempre viver
Como alguém comprado com Teu sangue remidor

*Alguém que tem medo de te entristecer
E sabe que nunca existiu maior vergonha e dor.
Como alguém que fala sempre contigo
E ouve Tua voz suave e delicada
Com profunda ternura declarar:
Tu és minha, amada!*

9

Inconsistência dolorosa

*Por que me chamais Senhor, Senhor,
e não fazeis o que vos mando?*

LUCAS 6:46

Essa passagem é verdadeiramente "o fardo do Senhor" em meu coração neste momento, e não me sinto muito disposta a examiná-la e a meditar nela, porque estou envergonhada por conhecer o motivo pelo qual o Mestre se dirige a mim para dizer essas palavras de terna reprovação. Deve haver pelo menos alguma de minhas leitoras que se solidarizarão comigo nesse sentimento. Vamos, então, dar as mãos e entrar em Sua presença, "sofrendo a ira do SENHOR, porque pecamos contra ele", silenciando nossa alma solenemente enquanto ouvimos a grave acusação que Ele faz contra nós?

Em que tons comoventes Ele pede que notemos a inconsistência de nossas palavras e ações! "Senhor, Senhor", dizemos confessando ser Seus servos felizes e dedicados; mas, a bem da verdade, será que não fazemos sempre a nossa vontade e não a dele? Agradamos a nós mesmas na maioria dos assuntos que deveriam estar sujeitos à aprovação do Senhor e comportamo-nos constantemente como se nenhum voto de obediência ou de consagração tivesse partido de nossos lábios. Será que o nosso tempo está à disposição dele e sob Suas ordens? Será que nosso dinheiro é gasto na maior parte para Sua honra e glória, considerado totalmente dele e emprestado a nós somente para Seu serviço e reino? Será que pedimos conselho ao Senhor sobre tudo o que ocorre em nosso dia a dia?

Evidentemente, há ocasiões em que despertamos por impulso a um senso de profunda responsabilidade para com nosso Mestre como Suas servas confessas; mas será que em todos os dias, em todas as horas, estamos nos esforçando em tudo para cumprir Seus mandamentos e, dessa maneira, provar nosso amor e lealdade a Ele?

Queridas amigas, meu senso de imperfeições a esse respeito é tão dolorosamente forte que, sinceramente, eu deveria escrever com lágrimas, não com tinta, se pudesse levar todas vocês, e eu também, a uma compreensão prática de nosso dever para com nosso Mestre, se um dia fizemos um juramento a Ele e o chamamos "Senhor". Não quero julgá-las; mas, se, ao me julgar e me condenar a mim mesma, vocês puderem ver sua própria experiência descrita e repetida em mim, oro sinceramente para que aceitem minhas palavras como uma mensagem de Deus diretamente a vocês, e não descansem enquanto seus pecados não forem confessados e perdoados.

Quando meço a mim mesma com o padrão de maturidade cristã estabelecido pelo Senhor Jesus em Sua Palavra, sinto vergonha de me chamar de Sua seguidora, de ter ficado para trás na corrida, de não ter aparentemente aquelas características que provam que pertenço ao Senhor. Deparei-me com o seguinte parágrafo em um livro que prezo muito; leiam-no atentamente, queridas amigas; e se seu coração não as condenar (como o meu me condena), levantem a voz em louvor e agradecimento a Deus, porque Sua graça em vocês conquistou tão grande vitória:

> Um cristão mal-humorado ou um cristão ansioso, um cristão desencorajado, desanimado, um cristão em dúvida, um cristão queixoso, um cristão autoritário, um cristão egoísta, um cristão cruel, insensível, um cristão comodista, um cristão mundano, um cristão de língua ferina ou espírito amargo — todos eles podem ser muito sinceros em seu trabalho e podem ocupar cargos honrosos na igreja, mas não são cristãos semelhantes a Cristo; e, por mais alto que professem a sua fé, não conhecem nada a respeito das realidades de uma vida dedicada e consagrada.

Ser semelhante a Cristo é dever e privilégio de cada crente. A Palavra de Deus consolida distintamente esse assunto quando afirma: "Se alguém não tem o Espírito de Cristo, esse tal não é dele". Pergunto a mim mesma: Ó, você não quer fazer o mesmo? — até que ponto minha semelhança com Cristo é visível em minha conduta durante o dia? A que distância estou daquilo que meu Senhor espera de mim — Sua representante neste mundo pecaminoso? Se carregar a cruz de Cristo é a missão principal do cristão, será que a carrego com paciência e obediência, com total submissão à vontade dele em tudo? Ou tenho deixado essa cruz de lado o mais que posso, e penso só no que me interessa, ando em meus próprios caminhos e faço o que me agrada sem nenhuma referência a Ele ou a Seu direito de "reinar sobre mim"?

Há cristãos que pensam ter liberdade para fazer a própria vontade em milhares de coisas. Eles falam muito do que gostam; fazem muito o que gostam; usam suas propriedades e bens da forma que gostam; são seus próprios senhores e nunca sonharam em dizer: Jesus, abandonamos tudo para seguir-te. Que Deus nos livre do pecado e do erro de pensar que podemos aceitar Cristo como nosso Salvador e praticamente negá-lo como nosso Senhor! Como o coração amoroso de Cristo deve se entristecer com as ofensas que Ele recebe na casa de Seus amigos!

Ó Senhor, é muito difícil a tarefa que assumi: tentar mostrar a mim mesma, e aos Teus outros filhos, o baixo padrão de piedade prática com o qual estamos satisfeitos! Sou incapaz de expressar nossas imperfeições, descrever quão enganoso é o nosso coração ou repetir as desculpas de que 'a carne milita contra o Espírito' e busca iludir a alma com uma falsa paz e um contentamento não espiritual. Somente Tua mão pode realizar a obra; somente Teu Espírito gracioso pode convencer-nos de nossos erros e colocar nossos pés no caminho certo. Ó Senhor, aviva Tua obra em nós! Ajuda-nos a clamar-te poderosamente pela graça de andar bem perto de ti, para que sejamos mais parecidos com Tua imagem bendita!

Sabemos, dentro do coração, o que queres dizer com "as coisas que eu digo". São Teus meigos mandamentos, Teus conselhos carinhosos, Teu jugo suave, Teus ensinamentos ternos; doravante, Mestre amado, que essas sejam a regra de nossa vida e conduta! O "eu" será deixado de lado, Tua vontade será suprema; o Céu estará mais perto e serás mais amado que a Terra; então, sem questionar, poderemos chamar-te "Senhor" e alegrar-nos na bem-aventurança da união contigo. "Aquele que diz que permanece nele, esse deve também andar assim como ele andou" (1 JO 2:6).

10

Encorajamento divino

Então, aproximando-se, tomou-a pela mão; e a febre a deixou, passando ela a servi-los.

MARCOS 1:31

*B*endito Senhor Jesus, muitos de Teus filhos pobres, desanimados e abatidos estão, neste momento, estendendo suas mãos febris a ti, para que Teu ato divino e gracioso, aqui registrado, possa ser repetido na vida deles! Tuas compaixões não se exauriram neste caso. Tua solidariedade não se consumiu neste esforço de amor. Tu podes e desejas agora, assim como antes, realizar Teus milagres de cura e graça na mente e também no corpo. Ó, que possamos bendizer-te, como é nosso dever, por Tua misericórdia infalível!

As profundidades do desânimo e da escuridão, às quais a alma pode descer, mesmo enquanto Teus braços eternos estiverem por baixo dela, são conhecidas somente por ti. Talvez sejamos forçadas a clamar, como Jonas: "O abismo me rodeou; e as algas se enrolaram na minha cabeça". Uma sensação de abandono pode até ter permissão para oprimir o espírito, e Satanás não perderá essa oportunidade para perturbar ou atormentar o cristão que está sendo provado. Mas tu, ó Redentor compassivo, nunca abandonarás uma criatura trêmula, cuja única esperança está em ti! Bendito seja o Teu Nome! Não há abismo tão grande capaz de "separar-nos do amor de Deus, que está em Cristo Jesus, nosso Senhor".

Ocorre frequentemente comigo o mesmo que ocorreu com aquela pobre mulher sobre a qual foi escrito: "De modo algum podia endireitar-se"; e não é verdade que ocorre com você também, querida leitora? A luta é longa e exaustiva — o resultado, malsucedido e decepcionante. Nenhum poder humano, de fora ou de dentro, é capaz de tirar uma alma prostrada do "tremedal de lama" ao qual o ímpio foi arrastado. Nossos esforços são inúteis; eles nos afundam mais ainda do que antes e nos enfraquecem sem nenhum propósito.

Mas Tua mão, precioso Salvador, pode trazer rápida libertação; em menos de um instante, tu realizas aquilo que frustrou todos os nossos maiores esforços. É preciso grande poder para levantar o peso de morte de um vil coração, mas em Tua mão ferida está oculto o poder (HABACUQUE 3:4) que criou todas as coisas, e o amor de Teu coração coloca-se livremente a serviço de um pecador desesperançado. Tocada pela força dessa doce elevação, uma grande mudança cheia de graça toma conta de meu coração e de minha vida! Não mais andarei curvada por causa de um sentimento de culpa e desesperança; não mais serei alvo das deploráveis insinuações e acusações de Satanás; não mais serei fraca, cheia de dúvidas e abatida. Aquele toque realizou um milagre da graça de Deus em mim. Não apenas estou restaurada, mas posso levantar-me e "servir aos outros".

Ah! Graças a Deus, porque a alegria de ter sido enlevada compensa tremendamente a tristeza de uma fase de desencorajamento. Nem sempre o Vale da Humilhação é um lugar árido; as flores da recordação estão florescendo ali, e sempre são encontradas por quem sabe procurá-las; e os pendões roxos dos amarantos florescem abundantemente à sombra de seus bosques. Não devemos temer qualquer tristeza que o Senhor possa trazer sobre nós; devemos temer as consequências somente quando mergulhamos em sofrimento por causa de nosso pecado ou obstinação. Quando o Senhor nos deixa prostradas ou nos eleva, ambas as experiências são abençoadas — uma em doloroso desgosto, a outra em todo o brilho da revelação do amor e da piedade.

Quão incrédulo é este meu coração, amado Senhor, quando, depois de ter recebido tanta misericórdia no passado, ouso por um momento duvidar do propósito amoroso de Tuas atuais dispensações! Quando penso na união inigualável de amor e poder que se encontra na pessoa de meu divino Redentor, sinto-me verdadeiramente envergonhada por causa da incredulidade que sempre rouba minhas alegrias.

Um feliz encorajamento tem início quando percebemos que não há nada impossível para Deus e que, por mais profunda que tenha sido a nossa queda, Seu amor salvador é mais que proporcional à tarefa de nos alcançar e restaurar.

"Tomou-a pela mão."

Imagine a emoção e a alegria pela saúde restaurada que tomaram conta daquela pobre mulher quando a mão fresca e calma do Salvador tocou seus dedos trêmulos e ardendo em febre. "Ela levantou-se e passou a servi-los." Que grande regozijo essas simples palavras expressam! O coração dela demonstrou gratidão imediatamente em forma de serviço; e cremos que as mãos, que haviam sido tocadas tão recentemente pelo Senhor Jesus, passaram a ter então uma habilidade e ternura desconhecidas ou não desenvolvidas.

Lá estava uma mulher curada e feliz em Cafarnaum naquele dia; e o mesmo Senhor espera estender essa graça a você, querida leitora, e a mim. Ó alma abatida, deixe de ser incrédula e angustiada! Há alguém ao seu lado, alguém que conhece suas fraquezas e fragilidades; e neste momento Ele "fará passar toda a sua bondade diante de ti", Ele a levantará, a fortalecerá e a libertará de modo tão misericordioso, que você louvará e glorificará Seu bendito nome "enquanto houver vida e respiração".

"O Senhor abate — e levanta."

11

Uma festa para os desfalecidos

*E não quero despedi-la em jejum,
para que não desfaleça pelo caminho.*
MATEUS 15:32

*M*estre bendito, essas Tuas palavras cheias de compaixão dão-nos um vislumbre tão seguro de Teu coração de amor e graça infinitos que nós te agradecemos por teres permitido que fossem registradas em Teu Livro! Elas te manifestam de modo tão claro à nossa compreensão humana que as vemos "como em espelho" o reflexo de Tua piedade e de Teu poder divinos.

Havia uma multidão de milhares de pessoas, na encosta daquele monte, que estivera com o Senhor durante três dias, recebendo Suas dádivas de cura, ensinamento e purificação; e, evidentemente, eles não queriam afastar-se dele. No entanto, os poucos alimentos que, presumivelmente, trouxeram havia terminado. E o coração repleto de amor do Mestre achou impossível dispensá-los sem lhes dar comida. Durante os três dias, Seu poder divino agira em manifestações constantes nos milagres que realizara; mas, agora, Sua piedade humana expressa-se em Seu desejo de fornecer-lhes alimento, para que não desfaleçam no caminho de volta para casa.

E, por Ele ser tão humano quanto a multidão e ter chegado a "compadecer-se de nossas fraquezas", penso não ser irreverente imaginar que Ele também sentiu necessidade de receber alimento terreno, e Ele próprio comeu parte do pão e do peixe que abençoara e partira. Certamente, esse terno cuidado do Senhor Jesus em relação às necessidades físicas da multidão ao Seu redor deveria trazer-nos grande consolação e fortalecer nossa fé por Ele ter se revelado a nós quando disse: "Deus, o vosso Pai, sabe o de que tendes necessidade, antes que lho peçais".

Não entendo por que somos tão lentos em aprender essa doce lição de confiança em Deus e, às vezes, resistimos a confiar nele quanto à garantia da administração de suprimentos para nossas necessidades temporais. Seríamos sempre tão despreocupados quanto as aves voando no céu e tão belos quanto os lírios do campo se, da mesma forma, dependêssemos totalmente dele.

E isso também se aplica aos assuntos espirituais. Você é capaz de imaginar, pobre coração desejoso e sedento, que o Senhor Jesus terá menos compaixão de sua alma do que daquela multidão faminta? Sua fome é intensa pelo "pão vivo que desceu do céu"; sua sede só será saciada quando "a água da vida" tocar seus lábios; você está preparada para a bênção, o alimento espiritual que excede a qualquer outro deste mundo, e para ter certeza absoluta de que Ele está mais que pronto a concedê-lo.

Não importa se a origem do suprimento não é visível a vocês. "Onde haverá neste deserto tantos pães", perguntaram os insensatos discípulos, "para fartar tão grande multidão?". Eles esqueceram, assim como nós, infelizmente com muita frequência, "quem é este homem" e o que Ele é capaz de realizar pelo poder de Sua Palavra. Veja bem, alma querida, se você se aproximou do Senhor com fome e sede por Seu amor e perdão, Ele jamais a despedirá de mãos vazias. Seu coração é meigo demais, Suas mãos estão repletas de bênçãos, Seu desejo de a alimentar e consolar é intenso demais para que Ele deixe de supri-la com tudo aquilo que você mais anseia.

Sei que existem algumas pessoas que dizem estar buscando a Cristo, mas não conseguem encontrá-lo. Corações amados, não se zanguem comigo — porque escrevo para mim, bem como para vocês — quando lhes digo que, se não foram alimentadas, deve ser porque negam-se a comer! Suponham que uma de vocês tivesse estado naquela encosta do monte e que, por ordem do Senhor, sentou-se ao lado dos outros; mas, quando um dos discípulos lhe trouxe o cesto com alimento preparado pela própria mão do Senhor e abençoado por Ele, você se recusou a aceitá-lo por tolice, teimosia, capricho ou dúvida. Você teria justificativa para culpar alguém, a não ser você mesma, se tivesse desfalecido de exaustão no caminho de volta para casa, atravessando as colinas da Judeia?

Ah! Ninguém naquele festim maravilhoso teria sido tão tolo e irracional quanto você e eu às vezes somos, porque está registrado que "todos comeram e se fartaram". Lá, assim como quando a antiga Lei foi dada por Moisés, eles "comeram perante o Senhor"; e sem dúvida foi, para cada homem, mulher e criança presentes, a refeição mais saborosa e mais sagrada que eles haviam provado; e ninguém desfaleceu nas colinas e planícies que tiveram de atravessar. Ao contrário, voltaram com o coração fortalecido, alegria renovada e a boca cheia de cânticos de louvor depois daquele banquete maravilhoso.

No entanto, será que não há um pobre coração pecador, faminto e sofredor, que tenha aprendido com esse milagre e se apresentado imediatamente ao Salvador compassivo para ter todas as suas necessidades supridas? Quanto mais faminta você estiver, maior será sua alegria em saciar sua fome; e Ele disse: "Não quero despedi-la em jejum". Confie nele e seja totalmente saciada. Meu amado marido disse certa vez com muita alegria: "Ele pode nos fazer esperar para despertar o apetite, mas no final não nos despedirá sem nos alimentar". Portanto, não permita que nada a desencoraje. Sente-se no chão diante dele, conforme Ele ordena, até que o cesto seja passado diante de cada um; ou, se os discípulos passarem reto por você, arrisque-se a aproximar-se do Senhor e receba a bênção diretamente de Sua mão amorosa. Ele jamais a repreenderá por ter confiado tanto nele!

Os incrédulos riem de nós por causa de nossa confiança bíblica no Deus Onisciente, que é também nosso Pai amoroso. Zombam da ideia de que Ele cuida de nós com a divina preocupação parental, e que Ele próprio planeja e permite cada evento de nossa vida. Contudo, o escárnio deles não altera ou destrói o fato abençoado, nem deixa a menor impressão de intranquilidade no coração daquele que crê. No entanto, eles gostam de nos angustiar.

Enquanto estas "anotações pessoais" adquiriam forma em minha mente e, na multidão de pensamentos dentro de mim, enquanto essa consolação de Deus me alegrava a alma, vi, por acaso, uma forte crítica em um livro recente de um autor muito conhecido, no qual foram escritas estas palavras: "criados na crença de que a Providência se preocupa com pequenos detalhes da vida deles, da forma mais íntima e mais aperfeiçoadora possível — como se o castigo aperfeiçoasse alguém".

Meu coração se condoeu diante da ignorância e cegueira de um homem capaz de escrever tal coisa! Ele não queria minha piedade, eu sei; mas não consegui conter-me, nem fui capaz de descansar enquanto não levei o assunto ao Senhor em oração. Sei, é claro, que há milhares de pessoas céticas e com esse tipo de pensamento; mas isso só serve para aumentar minha tristeza. Para elas, o nosso Deus amoroso e gracioso é simplesmente "Providência em si" — nada mais que uma agência neutra, sobre a qual pouco sabemos e pouco nos interessamos; não há nenhuma ternura pessoal, nenhum relacionamento próximo, nenhuma "corda humana, com laços de amor" capaz de atrair irresistivelmente a alma delas para a bem-aventurança de Sua benignidade e terna misericórdia. Falamos daquilo que conhecemos e testificamos aquilo que vimos. Hoje, os filhos de Deus podem falar das libertações como milagres, falar das provisões como não esperadas e falar dos perigos tão certamente evitados — como qualquer um daqueles registrados nas crônicas do Reino!

12

A visão das visões

Queremos ver Jesus.

JOÃO 12:21

É muito provável que os "alguns gregos" aqui mencionados, os quais manifestaram o desejo de ver o Senhor, eram prosélitos da fé judaica, porque foram a Jerusalém para "adorar". Talvez tivessem ouvido falar, em seu país, do Homem maravilhoso que dizia ser "o Messias"; e pode ser que algum sentimento maior que uma simples curiosidade tenha movido o coração deles a buscar Sua presença. Seja como for, nesta manhã fazemos o mesmo pedido que eles, e com muita sinceridade alegaríamos que uma visão do Senhor Jesus, em Suas muitas relações preciosas para nós, seria uma condescendência para nossa alma esperançosa. "Quero ver a face do Rei" é uma oração que nunca pode ser negligenciada ou desconsiderada na corte do Altíssimo.

O que significa "ver-te", Mestre bendito? Não podemos olhar para ti com nossos olhos naturais, como aqueles homens do passado esperavam fazer; mas, se abrires os olhos de nossa alma e nos deres a visão da fé, poderemos reconhecer-te espiritualmente e contemplar um pouco da beleza e graça celestiais daquele "que nos ama, e, pelo seu sangue, nos libertou dos nossos pecados". E mesmo que nos dês uma visão parcial e um pouco oculta de ti, como fizeste com Tua esposa, a Igreja, quando ela disse que estás "olhando pelas janelas, espreitando pelas grades", ainda assim, isso será inexplicavelmente precioso, pois, ver-te é amar-te; e amar-te é saber que nos amaste primeiro; e conhecer isso é Vida Eterna!

Senhor, eu vi como eras quando nasceste em forma humana neste mundo afetado pelo pecado: manso, humilde, sofredor, "homem de dores", ocultando Tua glória por teres sido feito "em semelhança de homens", para que pudesses levantar os pobres homens caídos e elevá-los ao alto padrão de "coerdeiros" contigo em Teu Reino. Eu vi como andaste, com passos cansados, ao longo daquele vale da humilhação, triste e sombrio, que terminou naquela cruz tão cruel, em Tua morte preciosa e em Tua gloriosa ressurreição e ascensão; e quando olho para aqueles mistérios e revelações extraordinários de Teu amor, minha fé vence todo medo, e eu brado: "Meu Senhor e meu Deus — tudo isso para mim!".

Senhor, vejo-te como és agora, em glória à direita do Pai, aguardando o cumprimento destas palavras: "O reino do mundo se tornou de nosso Senhor e do seu Cristo, e ele reinará pelos séculos dos séculos". Enquanto esse dia abençoado não raiar, estás vigiando, intercedendo por Teu povo, confortando-o, fortalecendo-o e libertando-o, cuidando de cada detalhe da vida de cada um, fazendo que permaneçam em ti e preparando-os para a herança que Teu grande amor lhes garantiu mediante a fé em Teu nome.

Contudo, Senhor, há momentos aqui e ali que desejo mais ainda te ver. Tuas visitas são muito preciosas, Tua companhia é extremamente meiga. É extraordinário como as sombras desaparecem quando te aproximas e como a escuridão da noite se ilumina quando apareces para mim! Um vislumbre de Teu rosto e um sussurro de amor de Teus lábios extasiam-me o coração com um deleite antecipado das bem-aventuranças do Céu.

Senhor, eu te vejo em todas as minhas alegrias, não apenas as recebendo como presentes de Tua mão generosa, mas sentindo que tu as compartilhas comigo, santificando-as e exaltando-as; e vejo-te em cada tristeza, quando somente Tua voz é capaz de consolar e quando Tua solidariedade alcança as profundezas de meu sofrimento. Vejo-te quando estou perplexa e ansiosa com as coisas terrenas ou celestiais, porque és a "sabedoria de Deus", portanto, não posso agir de modo errado nem fora de propósito, porque sigo Teus passos bem de perto e obedeço aos Teus mandamentos. Vejo-te, Senhor bendito, como meu Redentor e meu Marido em Teu maravilhoso relacionamento comigo! Olho para ti como o Comprador de minha alma com Teu sangue precioso e percebo que minha submissão total e minha vontade são consequências naturais do Teu inigualável sacrifício!

Quanto a estas anotações "pessoais", peço perdão por introduzir uma experiência pessoal para ilustrar o que digo. Recentemente, um vislumbre do Senhor Jesus me foi dado sob o estresse da tentação. Era uma manhã linda e encantadora de domingo quando acordei de um sono que muito me deprimiu o espírito e com a sensação de que um mal pesava sobre mim. Em seguida, senti os avisos sinistros de calafrios e tive medo de que tivesse de lutar de novo com a forte agitação que eles produzem. Eu esperava um dia de alegria e sucesso com meu humilde culto ao Mestre; mas minhas esperanças foram esmagadas imediatamente, porque eu conhecia bem as fraquezas e os cansaços, a perda de toda a energia física e mental que esses ataques dolorosos provocam.

O inimigo das almas aproveitou imediatamente a oportunidade para importunar-me e perturbar-me. Lançou dúvidas perversas em meu coração sobre o amor e o cuidado de Deus, incutindo pensamentos ingratos a respeito dele, que é todo ternura e piedade aos Seus filhos. "Deus não se importa", ele sussurrou, "caso contrário não teria permitido essa dor e desconforto no exato momento em que você esperava ter um dia alegre de descanso. Será que Ele pensa em você e se lembra de suas necessidades tendo o Universo inteiro para administrar e controlar? Você gosta muito de dizer: 'Deus nunca erra', mas tem certeza absoluta de que Deus existe? Será que essas coisas todas não acontecem por acaso, ou, no mínimo, de acordo com o curso normal da natureza?".

Ele lançou muitos outros dardos cruéis e inflamáveis em minha direção; mas, depois de alguns momentos, o Espírito abençoado revelou o Senhor Jesus para mim como Dominador de Satanás e Libertador de Seu povo, e consegui "resistir ao mal" e afrontei suas insinuações malignas. Pela fé, vi Jesus como meu fiel e imutável Salvador, "socorro bem presente nas tribulações"; coloquei meu caso em Suas mãos, e Ele repreendeu meu inimigo, liberou minha alma e fez-me triunfar somente nele.

Ó, quem dera ser sempre ajudada e consolada dessa forma! É possível àqueles que olham, esperam e observam, porque Ele está infinitamente disposto a revelar-se à alma que suspira por Sua presença, assim "como suspira a corça pelas correntes das águas", e tem sede de refrescar-se com um gole de Seu amor e graça. Certamente, se conhecêssemos um pouco da alegria de ver Jesus, jamais ficaríamos contentes quando Ele está ausente nem fecharíamos os olhos com indiferença proposital quando Ele está passando.

No entanto, infelizmente, é o que fazemos com frequência, forçando-o a afastar-se ou a rarear Suas visitas e, dessa forma, entristecendo-o e pecando maldosamente contra nossa própria alma. E como ficamos desoladas sem Ele! Não há alegria, felicidade ou satisfação verdadeiras sem Ele. Minha vida é como uma videira sem frutos, um fogo extinto e morto, um céu sem estrelas e uma paisagem sem o Sol — se Jesus não estiver comigo.

E se isso for realmente verdade, tenho grandes motivos para render muitas graças e agradecer, porque, se eu não sentisse a Tua falta, amado Senhor, quando de mim te afastas, eu bem que poderia duvidar se Tua presença alguma vez se manifestou a mim. A alma, quando se deleita com as guloseimas de Teu amor, jamais apreciará a comida de segunda categoria e impura proporcionada pelo mundo. De uma coisa eu sei, Mestre bendito: prefiro morrer de fome a alimentar-me das delícias terrenas; prefiro sempre chorar por Tua causa a viver contente sem ti; escolho passar a vida buscando-te e suspirando por ti em vez de ser um daqueles pobres cegos mortais que dizem: "Não há nenhuma beleza nele para desejarmos Sua presença".

Que nossos olhos estejam constantemente olhando para a doce visão e que nossa oração sempre seja esta: "Senhor, quero te ver!". Porque, por muito tempo, não duvido, podemos tê-lo visto, mas com os olhos embaçados pelas lágrimas da autopiedade ou padecendo dores por causa da poeira soprada pelo vento dos prazeres ou sofrimentos do mundo, ou com os olhos turvos por causa da dúvida acalentada por longo tempo e da tristeza que anuvia nosso olhar para o alto. Ó, que chegue o dia em que veremos "Seu rosto" sem nenhum véu entre nós e o Senhor e contemplaremos a benignidade gloriosa daquele que nos amou até a morte!

Eu nunca olho com satisfação ou emoção para as pinturas do rosto do Salvador. Todas parecem tão distantes, tão inferiores ao ideal que creio em meu coração que deixam completamente de mostrar a dor ou a glória oculta que deve existir em Seu rosto abençoado. Mas isso não importa se eu o vir pela fé. Se eu permanecer "firme como quem vê aquele que é invisível", poderei ficar contente por esperar até que Ele venha ao meu encontro no Lar Celestial, e então o verei como Ele é!

13

A esposa sem defeitos

*Tu és toda formosa, querida minha,
e em ti não há defeito.*
CÂNTICO DOS CÂNTICOS 4:7

"*A*h!", ouço um cristão trêmulo e medroso dizer, "esse texto não tem nada que ver comigo! Sou o oposto de tudo o que é formoso e sem defeito. Os olhos de minha alma viram coisas horríveis dentro de mim, que jamais esquecerei; e abomino tanto a mim mesmo e ao meu pecado que, apesar de crer que Deus me perdoou por intermédio de Cristo, penso ser impossível reconhecer aquelas palavras preciosas como endereçadas a alguém tão pecador e imperfeito."

No entanto, alma hesitante, eu lhe peço que tenha coragem e olhe para o alto. O amor de Cristo por Seu povo está exposto maravilhosamente neste Cântico dos cânticos; e se você crê nele, precisa fazer parte dessa Igreja — tanto como Sua noiva e esposa quanto como o maior santo, ou o discípulo mais famoso. O Mestre não faz diferença entre os servos de primeiro e de segundo escalão em Sua casa. O mesmo preço foi pago para redimir o menor cordeiro do rebanho quanto as ovelhas mais vistosas; o mesmo sangue precioso foi derramado para resgatar tanto o filho mais debilitado de uma grande família quanto seu membro mais forte e mais notável.

Venha, então, alma medrosa, e não tenha medo de agarrar a verdade que foi colocada agora diante de você; não demore em alegrar-se no fato abençoado de que você é verdadeiramente preciosa para o Senhor. E quando Ele diz: "Tu és toda formosa, querida minha", não o contradiga lamentando sua impureza; ao contrário, curve-se diante dele em adoração e reverência pelo milagre que Seu amor realizou em você. Não é apropriado para a noiva de Cristo desprezar o amor que Ele colocou sobre ela, nem viver lamentando as cicatrizes e manchas que Seu grande amor deixa de lado e esquece.

É uma grande verdade que os cristãos, em si mesmos, são lamentavelmente imperfeitos e pecadores; mas, se o Senhor Jesus, em Sua maravilhosa misericórdia, tira o próprio manto para cobrir suas imperfeições, eles bem que poderiam ficar contentes por serem "formosos" aos Seus olhos. Você pergunta: "Por que Ele deveria fazer isso?". Veja as palavras que se seguem: "querida minha". Não somos capazes de compreender o mistério e a sublimidade do amor divino; porém, ele é o único motivo totalmente suficiente para o amado Senhor nos querer bem; e quando Ele usa essa linguagem carinhosa, nosso coração se derrete e se extasia por causa de Sua condescendência. Da mesma forma que a afeição terrena é intensificada e nutrida pelos meigos tons e palavras de graça especial, o mesmo ocorre (dizemos isso com reverência) quando nosso amado Mestre se digna a dirigir-se a nós com amor e admiração, quando vibramos com a alegria celestial e somos enlevadas para vencer todas as tristezas e aflições deste mundo em uma atmosfera de alegria espiritual indescritível! Ser "a querida do Senhor", "habitar seguro com Ele", como nosso Marido e mais querido Amigo, é uma conquista tão sublime e um privilégio tão glorioso, que jamais devemos ficar admiradas pelo fato de sermos tão negligentes em buscá-lo ou tão pecaminosamente satisfeitas sem ela.

"Querida minha." Ó, diga de novo, Mestre querido! Permite que a música de Tua voz toque e vibre as cordas mais profundas de minha natureza e desperte doces reações em minha alma! Tu és a fonte e o manancial de todo amor; ó, enche-me, precipita-me, mergulha-me nesse mar de misericórdia e graça! Eu seria tragada por ele, sabendo que não há nenhuma outra alegria ou bem-aventurança comparável ao fato de ser capaz de dizer: "O meu amado é meu, e eu sou dele".

"Em ti não há defeito." Pode o nosso Senhor amoroso dizer essas palavras referindo-se a você e a mim, querida leitora? Pode, é claro, se crermos em Seu nome para salvar nossa alma e confiarmos em Seu sangue precioso para lavar todo o nosso pecado. Mas não é um amor que excede todo o entendimento que pode tornar essa declaração em verdade absoluta? "Em ti não há defeito." "Onde, então, estão todas as minhas manchas, Senhor querido? Pois elas eram muitas. E o pecado que deve ter me tornado vil e repulsiva aos Teus olhos puros?" A resposta vem direto da Palavra do Senhor: "Passando eu por junto de ti, vi-te, e eis que o teu tempo era tempo de amores; estendi sobre ti as abas do meu manto e cobri tua nudez; dei-te juramento e entrei em aliança contigo, diz o SENHOR Deus; e passaste a ser minha!".

Antes de salvá-la Ele bem sabia
O que um coração como o dela faria.

Toda a impureza — no passado, presente e futuro —, toda a deformidade e sujeira são postas de lado pelo amor, purificadas pelo sangue, cobertas pela justiça de Cristo; e isso foi feito de maneira tão completa que o próprio Deus não encontra nenhum vestígio ou mancha daquilo que significava morte eterna para uma alma não lavada. Ó, "a riqueza da glória deste mistério", esse grande poder que levanta um pobre pecador e o tira das profundezas do pecado, levando-o às alturas da bem-aventurança celestial! "Que espécie de amor é esse?" É tão divino e incompreensível que, ao contemplá-lo, perdemo-nos maravilhadas e estupefatas, e temos de ecoar o grito dos primeiros discípulos: "Senhor, aumenta a nossa fé!".

"Em ti não há defeito." Um antigo escritor argumenta:

> Ora, se Deus não vê qualquer defeito, por que você
> insiste em procurar um? Ruminar seu sofrimento,
> correr atrás de sua escuridão e depravação de nada
> adiantará. Isso só afastará seus olhos de Jesus em vez
> de fazê-lo olhar para Ele. Você não pode olhar para
> duas direções ao mesmo tempo. Como aqueles pobres
> israelitas picados pela serpente no deserto obtiveram
> alívio e cura? Olhando para suas chagas, suas feridas,
> sua enfermidade? Ó, não! Eles olharam para a serpente
> abrasadora! E se você necessita de alívio, só o obterá se
> olhar para Jesus Cristo!

Vamos, meu pobre coração, você não aceitará o veredicto do Senhor a seu respeito e não se alegrará na certeza de que possui a beleza que Ele próprio colocou em você? Que o fato de ELE achar que você é "toda formosa" a preserve de toda desonra e a mantenha distante de qualquer coisa que possa macular sua pureza. Que o fato de o Senhor dizer: "Querida minha" a ajude a ouvir Sua doce voz com mais avidez, esperando que nenhuma palavra de amor seja perdida. E que Ele declarar: "Em ti não há defeito" a torne tão ternamente circunspecta que você seja capacitada a viver "de modo digno do Senhor" e do amor de modo inexprimível e divino.

Senhor Jesus, que Salvador glorioso tu és! Como pode Tua noiva, Tua Igreja, falar de seu encanto por Tua beleza? Todo o pecado, que a deixou TÃO escura e vil, foi lançado sobre ti; no entanto, isso só te fez "o mais formoso dos filhos dos homens"; e aquele fardo terrível que carregaste realçou sem medida a glória que era Tua com o Pai antes da criação do mundo. Como é triste saber que esse amor foi desprezado e rejeitado por milhares de pessoas que, por meio dele, poderiam ter sido salvas da morte eterna!

A pergunta torna-se pertinente: "Que pensais vós do Cristo?". Bendito seja o Senhor, se formos capazes de responder: "Ele é o mais distinguido entre dez mil! Sim, Ele é totalmente desejável!".